ABC, Y BYSIAU A'R HAKA CYMRAEG!

ABC, Y Bysiau a'r Haka Cymraeg!

Straeon rygbi clybiau
gogledd-orllewin Cymru

Arthur Thomas

Gwasg Carreg Gwalch

Argraffiad cyntaf: 2018

Rhif Llyfr Safonol Rhyngwladol:
978-1-84527-606-5

Cyhoeddwyd gyda chymorth Cyngor Llyfrau Cymru

Llun clawr: Mei Mac
Cartwnau tu mewn: Calendr Rygbi Cymraeg 1982: Anne Lloyd Morris
Dylunio'r clawr: Eleri Owen

Diolch i wasg y Lolfa am gael atgynhyrchu
straeon Emrys Llewelyn o'i gyfrol.

Cyhoeddwyd gan Wasg Carreg Gwalch,
12 Iard yr Orsaf, Llanrwst, Dyffryn Conwy, Cymru LL26 0EH.
Ffôn: 01492 642031
lle ar y we: www.carreg-gwalch.cymru

Argraffwyd a chyhoeddwyd yng Nghymru

Cyflwynedig i'r rhai y cefais y pleser o chwarae
gyda hwy ac yn eu herbyn ar y cae rygbi

Clybiau'r Gogledd-Orllewin

Nant Conwy

Bethesda

Caernarfon

Bro Ffestiniog

Pwllheli

Llangefni

Y Bala

Porthmadog

Cynnwys

Cyflwyniad

Noson lansio llyfr y mynyddwr Eric Jones oedd hi. Roedd criw go lew wedi ymgasglu ar gyfer y noson yn neuadd bentref Prenteg ger Porthmadog. Yn dilyn y rhan ffurfiol o'r noson, cafwyd trafodaethau ar bob math o bynciau, gyda chasgen o Gwrw Llŷn yn hybu'r trafod. Erbyn y diwedd, a'r gasgen yn brysur fynd yn hesb, roedd tri ohonom – Myrddin, Gwilym Gelli (neu Popi ar lafar) o Brenteg, a minnau. Yn naturiol ddigon, fe drodd y sgwrs at straeon rygbi, gan fod y tri ohonom wedi bod yn chwarae yn ystod cyfnod y saithdegau a'r wythdegau, Myrddin a minnau i Fro Ffestiniog ac wedyn i Nant Conwy a Popi i Borthmadog. O'r sgwrs honno, yn llawn straeon am yr hyn a ddigwyddai ar y cae rygbi, y plannwyd hedyn y gyfrol hon.

Yn 2016, cysylltodd Naomi Jones o Barc Cenedlaethol Eryri gyda mi gan ofyn a hoffwn draddodi Darlith Goffa Merfyn Williams y flwyddyn honno. Yn naturiol ddigon, teimlwn hi'n fraint cael derbyn gan fy mod wedi bod yn y coleg yn Abertawe gyda Merfyn ac wedyn wedi chwarae rygbi gydag ef i dîm Bro Ffestiniog. A dweud y gwir, fo ddaru fy mherswadio i chwarae i Fro Ffestiniog. Yr oeddwn hefyd yn cael ei gwmni mewn nosweithiau a chyrsiau ym Mhlas Tan y Bwlch pan oedd yn rhedeg y lle.

Sut y gallaf anghofio'r cyrsiau ar y Celtiaid a drefnodd yn y Plas, cyrsiau a aeth yn ddim amgenach ambell dro (wel, i nifer ohonom) na chyfle i ymarfer yr hen draddodiad Celtaidd o 'godi'r bys bach'? Rhaid sôn am un o'r teithiau y bûm arni oedd yn rhan o gyrsiau Celtaidd y cyfnod hwnnw – sef taith i ddinas Prâg a'r Weriniaeth Tsiec i weld rhai o olion Celtaidd y wlad honno. Wel, dyna'r esgus, beth bynnag, a buan iawn y daeth Tomas, ein tywysydd Tsiec, i ddeall mai criw rhyfedd iawn o archaeolegwyr oedd y rhain, yn dangos ychydig iawn o ddiddordeb yn olion Celtaidd cyfoethog ei wlad ond yn mynnu archwilio pensaernïaeth tai tafarnau a chlybiau Prâg – a hynny hyd oriau mân y bore!

Gan fod Merfyn wedi fy hudo i, Eryl Owain ac, yn ddiweddarach, Myrddin, i chwarae rygbi gyda Chlwb Bro Ffestiniog, felly, yn anuniongyrchol, yr oedd ganddo ran yn hanes sefydlu Clwb Rygbi Nant Conwy, clwb mwyaf llwyddiannus Gogledd Cymru, gan fod tri ohonom a fu ynghlwm â sefydlu hwnnw yn chwarae i Fro Ffestiniog. Wrth gwrs, roedd Eryl yn adnabod Merfyn o'u cyfnod yn yr ysgol uwchradd yn Nolgellau ac yntau'n un arall o'r cenhadon rygbi a ddaeth o'r ysgol honno.

Dyma gyfle, felly, i daro ar bapur straeon a gofiaf o'm profiad i ac eraill ar y cae rygbi, gan ganolbwyntio ar y straeon sydd ynghlwm â chlybiau Cymraeg eu hiaith a ddaeth i fodolaeth yng ngogledd-orllewin Cymru yn ystod saithdegau ac wythdegau y ganrif ddiwethaf.

Dros y blynyddoedd, clywais lawer o straeon difyr am glybiau pêl-droed yr ardal hon. Fel bachgen o Benmachno, oedd yn gadarnle'r bêl gron, byddai'r gamp honno'n cymryd y flaenoriaeth ar bob agwedd o fywyd cymdeithasol y fro pan oeddwn yn blentyn. Gan i'r clwb hwnnw fod mewn bodolaeth ers cryn amser, fe aeth yr hanesion gwreiddiol o gyfnod ei sefydlu ar goll wrth i'r hen do fynd 'dros y don' fesul un. Er mai ar ôl yr Ail Ryfel Byd y ffurfiwyd Machno Unedig pan unwyd dau glwb y Cwm a'r Llan, eto aiff yr hanesion am y bêl-droed yn Nyffryn Machno yn ôl cryn bellter. Mae gennyf yn fy meddiant gopi o draethawd buddugol yn un o eisteddfodau Penmachno cyn y Rhyfel Mawr, traethawd gan L.K. Evans yn sôn am effaith diwygiad 04-05 ar y fro, ac ynddo adroddir hanes am gêm bêl-droed yn y pentref pan 'darodd y diwygiad' y rhai oedd ar y cae ac iddynt fynd ar eu gliniau i weddïo gan roi o'r neilltu yr hyn oedd yn digwydd ar y cae. Erbyn heddiw, mynd ar eu gliniau i weddïo ar y dyfarnwr i beidio rhoi cerdyn coch iddynt fyddai'r hanes! Aeth fy nghyfaill Vivian Parry Williams o Flaenau Ffestiniog (ond yn wreiddiol, fel minnau, o Benmachno) ati i gofnodi hanes y bêl-droed ym mhlwyf Penmachno o ddechrau'r ganrif hyd gyfnod yr Ail Ryfel Byd ond bu'n rhaid iddo ddibynnu ar adroddiadau papurau newydd ac ambell atgof gan nad oes neb, bellach, ar ôl sy'n cofio'r cyfnod.

Mae'r un peth yn wir am glybiau eraill yr ardal, ac er i mi glywed hanesion difyr iawn gan Arwel Hogia'r Wyddfa am glwb Llanberis, fe gollwyd llawer iawn yn nhreigl amser. Mi fyddwn yn gallu enwi nifer o glybiau pêl-droed yn yr ardal hon y mae llu o hanesion difyr amdanynt, ond nid o'r cychwyn cyntaf. A dyna'r gwahaniaeth mawr rhyngddynt a'r clybiau rygbi. Mae'r rhan fwyaf a fu ynghlwm wrth sefydlu'r clybiau rygbi yn yr ardal hon yn dal gyda ni ac felly'n siŵr o gofio'r hanesion o'r cychwyn cyntaf. Gan fod fy mhrofiad ar y maes rygbi yn ymwneud â dau glwb yn bennaf – Bro Ffestiniog a Nant Conwy – mae'r rhan fwyaf o'r straeon yr wyf yn eu cofio yn codi o'r clybiau hyn, neu o glybiau eraill yn ystod y cyfnod y bûm yn chwarae'r gêm.

Felly, gydag anogaeth Myrddin a chyda chydweithrediad llawer o bobl eraill, es ati i geisio rhoi ar gof a chadw gymaint o'r straeon hyn ag oedd yn bosib eu casglu gan y rhai sy'n eu cofio ac a fu'n rhan ohonynt yn aml iawn. Dylwn bwysleisio'r ffaith nad yw pob stori wedi'i chynnwys yn y gyfrol hon o bell ffordd, a hynny am nad wyf wedi gallu eu cofnodi i gyd, felly gobeithio y bydd y gyfrol yn hwb i fwy o straeon gael eu cofnodi ac y bydd, efallai, yn esgor ar ail gyfrol, neu o leiaf i glybiau fynd ati i'w cofnodi ar eu safleoedd ar y we neu hyd yn oed pan ânt ati i gyhoeddi cyfrol i nodi carreg filltir yn hanes y clwb. Ni fu imi daflu'r rhwyd yn bell iawn. Canolbwyntio ar y clybiau canlynol a wnes – Nant Conwy, Bro Ffestiniog, y Bala, Bethesda, Porthmadog, Pwllheli, Caernarfon a Llangefni – er mwyn cadw rhyw reolaeth ar y gwaith o gasglu. Mae'n amlwg fod gan glybiau eraill eu straeon ac fe fyddai'n werth i rywun fynd ati i gasglu straeon o glybiau fel Tregaron a Chrymych, clybiau lle mae'r Gymraeg yn chwarae rhan naturiol yn eu bodolaeth.

Hoffwn ddiolch o galon i'r canlynol am y cymorth a gefais. Hebddynt, fyddai'r gyfrol hon ddim wedi gweld golau dydd:

Dewi T. Davies, Frongoch, y Bala

Guto (a Tudur) Lynch – am gael defnyddio'r adroddiadau o'r Cyfnod

Emrys Llewelyn (Caernarfon) – am gael defnyddio hanes y 'Gogs' o'i gyfrol Stagio Dre

Dilwyn Pritchard, Bethesda

Gwilym 'Popi' Evans (Porthmadog)

Ac i bob un o gyn-chwaraewyr y clybiau oedd yn fodlon adrodd y straeon am eu parodrwydd i'w gweld rhwng cloriau'r gyfrol hon.

Diolch i Myrddin ap Dafydd am ei anogaeth ac i Wasg Carreg Gwalch am ddod â'r llyfr i olau dydd.

Ac yn olaf, diolch i Olwen, fy ngwraig, am fod â digon o amynedd i ddod efo mi i yrru'r car yn ôl (gyda phwyslais ar 'yn ôl') bob tro!

Pennod 1:
Braslun cynnar o hanes rygbi yn y gogledd

Cyn bwrw i mewn i'r straeon, mae angen rhoi ychydig o hanes y gêm a sut y bu i weithred syml gan ŵr o'r enw William Webb Ellis yn un o ysgolion bonedd Lloegr, sef Rugby School, greu gêm a ddaeth yn boblogaidd yn hen ardaloedd y chwareli a rhannau eraill o ogledd-orllewin Cymru.

Ceir hanes rygbi'n cael ei chwarae mewn ysgolion bonedd megis Rhuthun, neu 'Ruthin School' i roi ei henw cywir iddi, yn y 1870au, ond nid oedd hi'n gêm i'r brodorion lleol. Erbyn 1881, yr oedd clwb rygbi wedi ei sefydlu ym Mangor, gan fod y clwb ymysg yr unarddeg clwb gwreiddiol a sefydlodd Undeb Rygbi Cymru yn ystod y flwyddyn honno. Yn y flwyddyn 1887, chwaraewyd gêm o dan reolau'r Undeb newydd rhwng Coleg y Brifysgol, Bangor a'r Coleg Normal. 'Dwn i ddim beth oedd y sgôr na phwy oedd yn chwarae – dim ond crybwyll y ffaith i'r gêm ddigwydd fel rhan o gefndir yr hanes.

Cynyddodd y diddordeb yn y gêm yn y cyfnod ar ôl y Rhyfel Byd Cyntaf, a hynny, mae'n debyg, am fod cymaint o ddynion ifanc o'r ardal wedi dod i gysylltiad â hi tra'n gwasanaethu yn y fyddin. Sefydlwyd clybiau rygbi mewn trefi megis Bae Colwyn, Caergybi, Machynlleth ac wrth gwrs, yn Nolgellau. Yno y sefydlwyd Clwb Hen Ramadegwyr Dolgellau gan gyn-ddisgyblion yr ysgol ramadeg yn y dref. Bu'r ysgol honno yn hyrwyddo rygbi dros y degawdau ac yn sefyll fel rhyw ynys unig o rygbi yng nghanol môr o bêl-droed. Y bêl gron oedd gêm y werin yn y rhan hon o Gymru ac fe ddaliodd yn boblogaidd hyd heddiw. Dyna oedd y gêm yn Ysgol Ramadeg Llanrwst, neu'r 'Llanrwst Grammar School' fel yr oedd yn y dyddiau pan fûm rhwng ei muriau. Fel y dengys yr enw, awyrgylch Seisnig iawn oedd i'r ysgol honno, ac fe geisiai efelychu rhai o arferion yr ysgolion bonedd. Ond nid oedd rygbi yn un o'r arferion hynny, chwaith. Erbyn heddiw, Ysgol Dyffryn Conwy yw ei henw ac mae rygbi yn cael ei chwarae yno yn ogystal â'r bêl-droed. Dyna hanes y mwyafrif o ysgolion yr ardal, ond rygbi oedd y gêm yn Nolgellau, ac yn yr ysgol honno, wrth gwrs, y dechreuodd Merfyn chwarae'r gêm cyn trosglwyddo'r brwdfrydedd amdani i ardal Ffestiniog pan ddaeth yn athro daearyddiaeth i Ysgol y Moelwyn ar ddechrau saithdegau y ganrif ddiwethaf.

Roedd y cyfnod o ganol y chwedegau hyd ganol y saithdegau yn gyfnod o chwyldro ac o newid yn agwedd y Cymry tuag at eu hiaith a'u cenedl. Heblaw am y newidiadau gwleidyddol, arweiniodd y deffro hwn at sefydlu mudiadau fel Merched y Wawr a sefydlu nifer fawr o bapurau bro ar hyd a lled y Gymru Gymraeg fel rhan o'r ymgyrch i adfywio'r iaith drwy gael y trigolion i ddarllen newyddion ac erthyglau lleol yn Gymraeg, yn ogystal â chyfrannu i'r papurau. Ar yr un adeg, cydredai yr hyn a elwir yn 'oes aur' rygbi Cymru, gyda thîm o fawrion y gamp yn ennill pencampwriaeth ar ôl pencampwriaeth a sawl coron driphlyg a champ lawn. Dan ddylanwad y deffro cenedlaethol a'r llwyddiant ar y cae rygbi rhyngwladol, symbylwyd nifer o bobl i sefydlu clybiau rygbi yma ac acw, a chlybiau Cymraeg eu hiaith a'u hagwedd oeddynt i bob pwrpas. Mae hynny yn profi fod dylanwad y deffro cenedlaethol a'r 'oes aur' yng Nghymru yn gryf iawn ar y clybiau hyn. O Fethesda i Fro Ffestiniog ac eraill yn y saithdegau, wedyn i Nant Conwy a'r Bala ar ddechrau'r wythdegau, gosodwyd seiliau cadarn sydd wedi hen ddwyn ffrwyth erbyn hyn.

Atgofion personol am
Fro Ffestiniog a Nant Conwy

Wrth hel atgofion personol, dyma fi'n troi yn ôl at Merfyn a chlwb Bro Ffestiniog. Blaenasgellwr caled a digyfaddawd, bob amser yn brwydro hyd yr eithaf. Fe'i gwelaf yn awr, yn waed yr ael ar ôl cael archoll ar ei ben. Ond wedi ychydig o ymgeledd gan Arthur Boyns, Cadeirydd y Clwb a'r meddyg lleol yn y Blaenau ar y pryd, aeth yn ôl i chwarae ei ran yn y gêm. Cofiwch, roedd greddf y meddyg yn diflannu ambell waith, fel y tro y bu i Gwilym James, blaenasgellwr arall y tîm, gael ei anafu; wrth iddo riddfan mewn poen ar y llawr yr unig ymateb a gafodd gan y meddyg, yn ei acen ddeheuol, oedd:

'Dere mlaen 'achan, 'yn ni'n colli!'

Os y cofiaf yn iawn, yn ystod gêm gwpan rhwng Bro Ffestiniog a Bethesda a chwaraewyd ar gae Pont y Pant y digwyddodd hynny – gêm galed a enillwyd gan y tîm cartref. Ond doedd colli gydag urddas ddim yn rhywbeth y credai Bethesda ynddo. Ar y ffordd adref, galwodd y tîm mewn tafarn yng Nghapel Curig, ac yn fuan aeth hi'n ymladdfa rhyngddynt a chriw o ddringwyr o Loegr. Wrth gael eu hel allan, mae'n rhaid iddynt roi ar ddeall mai tîm rygbi Bro Ffestiniog oeddynt, gan mai dyna oedd sail cwyn gan berchennog y gwesty. Cefnwr Bethesda y prynhawn hwnnw oedd Kevin Whitehead, a blynyddoedd yn ddiweddarach, wrth wylio'r newyddion ar S4C, daeth wyneb cyfarwydd ar y sgrin yn ystod rhyw stori, ac ar draws y gwaelod daeth enw'r ditectif, sef Kevin Whitehead! Mae'n siŵr iddo gael sylfaen go lew i'w

Llun tîm Nant Conwy yn y dechrau. Mae'r canlynol yn y llun uchod –
Eric Garth Hebog (Eric Evans), Meredudd Ellis (Mered), Arthur Thomas,
Myrddin ap Dafydd, Eryl P. Roberts, Ianto Evans, Ted Fedw (Eifion Jones),
Eryl Owain

Ail dim Nant Conwy yn chwarae eu gêm gyntaf

alwedigaeth, ac efallai, hyd yn oed, fod yno elfen o botsiar yn troi'n gipar! Beth bynnag, yn ystod y gêm honno ym Mhont y Pant enillodd Bro y bêl o'r sgrym a dyma Huw Joshua, maswr Bro, yn codi cic uchel. Aeth Kevin Whitehead oddi tani i geisio ei dal ond aeth y bêl rhwng ei ddwylo i'r llawr. Wrth godi o'r sgrym, dyma brop Bethesda yn gweiddi dros y lle am i Kevin Whitehead fynd i wneud rhywbeth i'w fam – a choeliwch chi fi, nid golchi llestri oedd hynny!

Merfyn oedd yn gyfrifol am eiriau cân Clwb Bro Ffestiniog a gâi ei chanu ar alaw 'Hen Feic Peni-ffardding fy Nhaid':

RHES FLAEN PONT Y PANT
Mae pawb wedi clywed sôn am y Blaena';
Y chwareli, y defaid a'r glaw;
Ond clywsoch am fechgyn tîm rygbi y fro,
Criw o hen ffrindiau go lew.

CYTGAN: Gyda, hogia rhes flaen Pont y Pant,
Does dim amser i chwarae plant,
Fydd y dyrfa yn bloeddio
Wrth weld nhw yn sgorio
Pwyntiau di-ri 'Mhont y Pant.
(Wrth gwrs, fe fyddem ni, aelodau'r rhes flaen honno,
yn newid y geiriau i: 'Wrth weld NI yn sgorio')

Maent yn chwarae bob pnawn dydd Sadwrn,
Beth bynnag fydd y tywydd uwchben,
A dilyn y bêl ble bynnag yr â –
Ie, i'r afon os raid dros eu pen.

Wel, bobol, mae'n wledd werth ei gweled,
Pêl yn fflio o un dyn i'r llall,
Ond yn aml bysa'r hogia'n hynod o falch
O gael ambell i reffyri dall.

Ac wedyn y tuchan a'r stachu,
Y gweiddi a'r rhegi bob math,
Yn eu disgwyl yn ôl fydd dŵr poeth yn y 'churns'
Yn barod i'w roi yn y bath.

Ond daw diwedd ar chwarae a newid,
A throi am y bar i gael peint,
A chyn diwedd y noson cewch weld criw o'r hogs
Yn canu emynau fel saint.

Dwi ddim yn cofio canu'r penillion – dim ond y cytgan.

Ffurfiwyd clwb Bro Ffestiniog ym 1973 ac mae'n werth sôn am y llythyr a ddaeth oddi wrth Undeb Rygbi Cymru yn cydnabod ffurfio'r clwb – ond, yn anwybodaeth yr Undeb o unrhyw le sydd i'r gogledd o Ferthyr, dyma'r frawddeg allweddol:

'I am pleased to learn from your letter of 1st of April that a Rugby Club has been formed in Blaenavon Ffestiniog.'!!!

Ym Mhont y Pant, Dolwyddelan, y chwaraeai'r tîm y dyddiau hynny. Un stori am y dyddiau cynnar yw hanes codi pyst y goliau. Wedi'r holl ymdrech i'w codi rhaid oedd meddwl wedyn sut i'w paentio! Yr oedd hen bafiliwn yng nghornel y cae a chyntefig iawn oedd y cyfleusterau ymolchi yn hwnnw – tywallt dŵr o gansen laeth i hen fâth ar y dechrau cyn 'gwella'r' cyfleusterau pan osodwyd cafn plastig gyda dwy gawod yn syrthio iddo. Gan mai yr un dŵr oedd ar gyfer deg ar hugain o chwaraewyr, a'r rheiny wedi eu plastro efo mwd, ar gynfasau gwely mam y gorffennai pridd Pont y Pant yn aml iawn erbyn bore Sul! Tuag at ddiwedd y tymor, byddai Popeye, un o gymeriadau mawr y clwb (y diweddar erbyn hyn, ysywaeth) yn mynd i Afon Lledr gerllaw, i folchi, meddai

Hwn oedd i olchi 30 o chwaraewyr ar ôl y gêm ym Mhont y Pant!

ef, ond gwyddai pawb mai potsio am eog oedd y bwriad.

Tra'n sôn am Popeye, cofiaf yn un Cyfarfod Blynyddol iddo gael ei ddewis yn gapten yr ail dîm. Pan ddaeth y cardiau aelodaeth allan ar ddechrau Medi, rhyw ddeufis wedyn, gwelwyd yr enw R. A. Davies fel capten yr ail dîm. Pawb wrthi'n holi pwy oedd yr 'R. A. Davies' hwn gan mai wrth ei lysenw yr adnabyddai pawb ef yn y clwb.

Byddai'n rhaid i Popeye gael rhyw bum peint cyn chwarae gêm; am ryw reswm, fydda fo ddim cystal chwaraewr heb gael hynny! Cofiaf un gêm yn erbyn Bangor pan daclwyd Popeye yng nghanol y cae a dyma andros o floedd dros y cae:

'Aw, y molsan i!'

Gan i mi sôn am Popeye, yr oedd llawer i un arall yn nhîm Bro Ffestiniog yn cael eu hadnabod wrth lysenwau.

Hen ysgol Tanygrisiau. Dyma fu cartref Clwb Rygbi Bro Ffestiniog wedi'r mudo o Bont y Pant. Bu hon yn ffatri yn ystod y chwedegau ac yma bu protestio yn erbyn y perchennog Brewer Spinks a wrthodai adael i'w weithwyr siarad Cymraeg.

Cam ymlaen o'r cyfleusterau cyntaf ym Mhont y Pant

Parhad o'r traddodiad yn y chwarel yw hyn, lle câi pawb, bron, lysenw: traddodiad ymhob ardal chwarelyddol drwy ogledd Cymru, wrth gwrs. Ymysg chwaraewyr Bro Ffestiniog clywid yr enwau canlynol (ymysg eraill):

Sisco (ar ôl y 'Cisco Kid' oedd ar y teledu ers talwm mae'n debyg), Brei Bat, Bingo, Mojo, Brenin, Sambo (ac nid bod yn hiliol oeddynt yn yr achos hwn), Fefs (Elfed), Blod neu Blodyn (Bleddyn, brawd Popeye), Bonzo, Bol (Dylan) ac Eds Cig (brawd Dylan, am ei fod yn gigydd – hynny'n ddigon hawdd ei ddeall!), Sali (?), Prinsi, Dyl Dall, Sgwid ac yn y blaen – mae'n siŵr fod mwy, yn enwedig yn y cyfnod diweddar.

Achlysur arall ar ddiwedd tymor oedd y Cinio Blynyddol. Cofiaf un flwyddyn lunio englyn i gofio am un digwyddiad. Yn ystod gêm yn erbyn Porthmadog, fe dorrodd Tony Coleman (un arall o gymeriadau'r clwb ac un sy'n dal i chwarae rhan bwysig yn ei redeg) asgwrn yn ei ffêr. Wyddai o mo hynny ar y pryd a daliodd ati i chwarae bachwr er ei fod mewn poen. Doedd yr englyn ddim yn un cofiadwy – un anghofiadwy ydoedd yn hytrach! Ond rwy'n dal i gofio'r llinell gyntaf, petai ond am ymateb Beryl, mam Tony. Fel hyn yr âi'r llinell:

'Cafodd anlwc wrth hwcio'

Daeth Beryl ataf a gofyn beth ddwedais i am Tony. Eglurais ei fod wedi torri asgwrn wrth fachu (i chi sy'n hyddysg yn rheolau'r gynghanedd, rhaid cael y gair 'hwcio' ar gyfer y gynghanedd Lusg).

'O,' meddai, 'o'n i'n meddwl dy fod ti'n deud ei fod wedi brifo wrth wneud rhywbeth arall!'

Ar ddiwedd pob tymor rygbi yn ystod y cyfnod hwnnw, cynhelid cystadleuaeth 7-bob-ochr Gogledd Cymru ym Mae Colwyn. Cofiaf i ddau dîm o'r clwb gystadlu, ond roedd y timau eraill yn rhy sydyn ac aeth y tîm yr oeddwn i yn aelod ohono allan yn y rownd gyntaf. Ni fu'r tîm arall yn hir iawn cyn ymuno â ni, chwaith, a threuliwyd gweddill y prynhawn y tu mewn i'r clwb yn cyfrannu at elw'r bar! Clywai'r timau eraill eiriau 'Hogia rhes flaen Pont y Pant' yn atseinio'n aml o'r clwb rhwng caneuon eraill, a gwir yw dweud os na fu inni ennill y gystadleuaeth rygbi, yn sicr ni enillodd y gystadleuaeth canu!

Y deyrnged orau i Merfyn oedd gweld cymaint o'r cyn-chwaraewyr yn ei angladd, rhai ohonynt wedi teithio cryn bellter. Roedd hynny, a'r atgofion a rannwyd amdano, yn dangos ei fod wedi creu argraff fawr arnynt.

Ym 1976, cafodd y clwb gae yn Nhanygrisiau, felly rhaid oedd symud 'adref' ac fe gafwyd taith symbolaidd gydag aelodau'r clwb yn cario un postyn gôl o'r hen gae ym Mhont y Pant ar eu hysgwyddau dros fwlch Gorddinan (y 'Crimea') i'w cartref newydd yn Nhanygrisiau:

> Ar rwbel y chwareli – yn gadarn
> Fe godwyd cae rygbi.
> Cedwir i'r to sy'n codi
> Anian brwd y gêm mewn bri.

Y weithred symbolaidd o gario postyn gôl o'r hen gartref ym Mhont y Pant i'r un newydd yn y Blaenau (23/8/1976)

Cafwyd trafferthion ar y cychwyn gan nad oedd digon o bridd wedi ei roi dros y llechi oddi tano, ac fel y setlai'r pridd, dôi'r llechi i'r golwg gan ei gwneud hi'n beryglus i chwarae arno. A dweud y gwir, ymdebygai sŵn y pac yn rhedeg i sŵn ceffylau'n carlamu dros gwrs y Grand National wrth i'r styds metel daro'r llechi. Erbyn hyn, mae gan Bro Ffestiniog gae arall ac adeilad clwb cymharol newydd sy'n nes at ganol y dref.

Cyn y Nadolig ym 1979, roedd gan Glwb Bro Ffestiniog Sadwrn gwag, felly dyma Merfyn ac eraill yn holi a ellid codi tîm o Ddyffryn Conwy i'w herio ar gae Pont y Pant y Sadwrn hwnnw. Gadawaf i Myrddin ap Dafydd adrodd yr hanes fel y cofnododd ef yn y gyfrol a gyhoeddwyd ar achlysur dathlu pum mlynedd ar hugain Clwb Rygbi Nant Conwy:

Yn y bar canol yn nhafarn Pen-y-Bryn (Llanrwst) y daeth y syniad am Glwb Rygbi Nant Conwy i fod, rywle rhwng y chweched a'r degfed peint ar brynhawn Sadwrn gwlyb yn Rhagfyr 1979... Cyn pump o'r gloch y pnawn hwnnw, roedd enwau'r tîm posibl wedi'u sgriblo'n daclus ar gefn biar-mat... ac ar y Sadwrn cyn y Nadolig y flwyddyn honno gwisgodd pymtheg o ddynion Nant Conwy hen grysau ail dîm Bro a chwarae yn erbyn y tîm cyntaf ym Mhont y Pant. Rywsut, mi ellid dweud bod y ddau dîm yn chwarae gartref y diwrnod hwnnw.

Mae'n bechod i'r biar-mat hwnnw fynd ar goll. Doedd neb ar y pryd yn sylweddoli pa mor arwyddocaol ydoedd ac y byddai iddo, petai wedi goroesi, le teilwng iawn ar bared y clwb hardd sydd bellach ym Mhant Carw ar y ffordd o Lanrwst i Drefriw.

Colli fu hanes yr egin glwb yn y gêm gyntaf honno o 30-6 ar gae rhewllyd a oedd mewn gwirionedd yn rhy beryglus i chwarae rygbi arno. Sicrhaodd Myrddin ap Dafydd le iddo'i hun yn hanes y clwb newydd drwy sgorio cais cyntaf y clwb a llwyddodd Wyn Williams (Ty'n Pant, Pentrefoelas) i drosi'r cais. Aeth hi'n Ionawr 23, 1980 cyn sefydlu'r clwb yn ffurfiol mewn Cyfarfod Cyhoeddus ym mar cefn y Cwîns, Llanrwst, y dafarn a ddaeth yn gartref i'r clwb am rai blynyddoedd. Ar gerdyn aelodaeth cyntaf y clwb, ychwanegwyd 'Sefydlwyd 1980' yn fwy fel jôc na dim arall, gan ei bod hi'n arferiad gan glybiau gydnabod blwyddyn eu sefydlu – er fod llawer ohonynt yn llawer hŷn.

Yn wahanol i ardal chwarelyddol Bro Ffestiniog a'i lysenwau, oherwydd natur amaethyddol Dyffryn Conwy câi llawer o chwaraewyr Nant Conwy eu hadnabod yn ôl enwau eu ffermydd. Dyma rai ohonynt:

Eric Garth Hebog, Robin Pennant (Moelogan wedyn – a fo ydi cadeirydd y clwb ar hyn o bryd), Dei Bryniog, Hywel Tai Duon, Ifor Gwernhywel, Ken Bryn Ddraenen, Ted Fedw (Eifion yw ei enw iawn – ei dad yn Ted), Geraint Gorswen ac yn y blaen, er fod ambell un heb ei gysylltu ag enw ei fferm. Yr enwocaf yw Eryl P., neu 'P'. Fe gofiaf fod yn Doolin yng ngorllewin Iwerddon un tro a dyma ddyn lleol yn dweud fod yna Gymro wedi galw yno y flwyddyn cynt:

'I think he was known by a letter!'

'P' oedd hwnnw wrth gwrs!

Byddai enwau'r ffermydd yn cael eu defnyddio fel cod yn y llinellau gan Nant Conwy yn y dyddiau cynnar ac yn creu cryn ddryswch i dimau eraill ac ambell dro i'r sawl a fyddai'n taflu'r bêl i mewn os na fyddai'n gyfarwydd ag enwau ffermydd Dyffryn Conwy. Pan oeddwn yn arwain y pac, byddwn yn defnyddio un o'r ddau frawd o Lanrwst,

Marc a Gari, i ennill y bêl, y ddau yn feibion i Gordon, ac yntau'n fab i Dafydd Menyn. Dychmygwch y dryswch ymysg blaenwyr Abergele un tro pan waeddais yr alwad 'Marc Gordon Dafydd Menyn'!

I'r rhai nad ydynt yn hyddysg yn y grefft o daflu pêl i mewn i'r llinell, fe welwch un o'r blaenwyr eraill yn mynd at y bachwr ar y llinell mewn gêm ryngwladol i ofyn neu roi yr alwad am y byddai sŵn y dorf yn boddi ei lais wrth alw. Ond yn y gemau lleol, nid yw hynny'n broblem, fel arfer. Na, camddealltwriaeth pur sydd ar fai os nad yw'r bêl yn mynd i'r neidiwr cywir. Byddai gan bob clwb ei alwad neu ei god, fel arfer yn gyfuniad o rifau i baratoi'r neidiwr er mwyn iddo allu manteisio ar gyfer neidio am y bêl. Fel y dywedais, enwau ffermydd oedd y drefn ar y cychwyn yn Nant Conwy. Er, mi dwyllais bac Porthmadog un tro wrth alw Penmachno mewn llinell. Yr oeddwn yn adnabod chwaraewyr Port ac yn naturiol aethant amdanaf ym mlaen y llinell heb ddeall fod un arall o Benmachno yn y cefn a hwnnw felly'n cael rhwydd hynt i ennill y bêl.

Tra'n sôn am Borthmadog, yr oedd ganddynt ar un adeg god galwadau wedi ei sylfaenu ar enwau trefi A B a C. Roeddwn yn chwarae i Fro Ffestiniog ym Mhorthmadog ac yn dyst i'r camddealltwriaeth a ddeilliodd o'r cod – ond gadawaf i Dewi Twm a Popi adrodd yr hanes yn nes ymlaen yn y gyfrol hon.

Mewn clwb arall nad wyf am ei enwi, cofiaf glywed yr alwad 'tad Bethan' a phawb yn y pac yn neidio. Ar ôl y gêm cafwyd yr eglurhad am yr hyn a welsom. Roedd geneth leol wedi cael babi ac wedi rhoi'r bai ar nifer go lew o hogia'r rygbi am fod yn dad!

Mewn clwb arall un tro, newidiwyd yr alwad yn ystod gêm gan fod amheuaeth fod y tîm arall wedi deall i ba le yr ai'r bêl, felly cyn taflu, dyma'r bachwr yn gweiddi:

'Hwnnw fuodd efo Jen Tŷ Pella neithiwr' – a dyma ddau yn neidio am y bêl!

Gan fy mod yn sôn am alwadau yn y llinellau, dyma stori am Moss Keane (y diweddar erbyn hyn, ysywaeth), a fu'n chwarae dros Iwerddon. Yr oedd yn chwarae i dîm Munster a drechodd y Crysau Duon ym 1978. Ar dafliad i'r llinell yn eu 22 eu hunain yn ystod chwarter olaf y gêm, galwodd y bachwr y cod a dyma Moss Keane yn ebychu yn Saesneg – 'O, na, nid fi eto!'. Fe allai ebychiad tebyg fod wedi digwydd ar unrhyw un o gaeau Gogledd Cymru yn y cyfnod hwnnw.

Man arall sy'n ddirgelwch llwyr i'r mwyafrif o'r gwylwyr cyffredin yw'r sgrym. A dweud y gwir, mae'n ddirgelwch i'r rhai na chafodd y profiad o chwarae yno, yn enwedig yn y rheng flaen. Bûm yn chwarae prop pen rhydd – hynny yw, ar yr ochr chwith i'r sgrym gyda'r pen ar y tu allan – ond ambell dro byddwn yn chwarae ar y pen tynn, gyda'm pen rhwng y prop yn fy erbyn a'r bachwr. Coeliwch chi fi, mae chwarae yn y ddau safle yn hollol wahanol ac yn gofyn am dechnegau gwahanol. Un o'r propiau gorau y cefais y pleser o chwarae gydag ef oedd Meréd Hafod Ifan, Ysbyty Ifan; sgrymiwr cadarn a chyfaill am oes, fel y daeth llawer o gyd-chwaraewyr eraill, a rhai o dimau eraill hefyd. Yr oedd cryfder Meréd yn anhygoel a'i ddwylo fel rhawiau, ac ni allai neb ei droi. Wedi gêm gwpan yn erbyn Dolgellau, dywedodd prop yr ymwelwyr, un oedd wedi chwarae i glwb enwog y Saracens yn Lloegr, mai Meréd oedd un o'r propiau cryfaf iddo erioed ei wynebu – teyrnged arbennig i'r ffarmwr o Ysbyty Ifan a ddaeth i chwarae'r gêm yn weddol hwyr yn ei fywyd.

Roedd y mwyafrif o'r chwaraewyr yn gwisgo gumshields yn eu cegau i arbed y dannedd rhag cael eu malu. Byddech yn prynu'r un mwyaf cyffredin ac yn gorfod ei roi mewn dŵr berwedig am saith eiliad i'w feddalu y tro cyntaf un er mwyn iddo fowldio i siâp eich dannedd. Ond doedd Nerys, gwraig Meréd, heb ddarllen y cyfarwyddiadau yn iawn, achos y cwbl a gafodd oedd lwmp o blastig! Erbyn deall, roedd Nerys wedi camddarllen y cyfarwyddiadau ac wedi rhoi'r peth mewn dŵr berwedig am saith MUNUD! Gan imi sôn am Meréd a Nerys, maent yn dal i chwarae rhan yn rhedeg Clwb Nant Conwy, gyda Nerys yn ysgrifennydd aelodaeth. Mae'r mab iengaf, Carwyn, wedi bod yn gapten y Clwb a bu ei frawd, Peredur, yn chwarae cyn mynd ati i hyfforddi'r plant. Felly, dyna un teulu sydd â'r cenedlaethau ynghlwm gyda'r Clwb ers ei sefydlu ac, wrth gwrs, mae'r genhedlaeth nesaf yn chwarae hefyd. Mae hyn yn wir am sawl un o'r clybiau newydd a sefydlwyd yn ystod y saith- a'r wythdegau.

Rhaid pwysleisio pwysigrwydd gwisgo *gumshield* i arbed y dannedd. Yn anffodus, mi achosais gryn boen i un o chwaraewyr Nant Conwy mewn sesiwn ymarfer un tro. Ymarfer taclo oeddem ni a phan redodd Glyn E. (o Bentrefoelas) tuag ataf, fe'i taclais yn galed, ond yn anffodus, bu imi ei daro o dan ei ên gyda'm pen yn ystod y dacl. Torrodd ei ddannedd blaen yn dipia', gan ddisgyn fel cenllysg ar fy mhen. Damwain oedd hi, ond damwain na fyddai wedi digwydd petai Glyn yn gwisgo *gumshield* i arbed ei ddannedd.

Defnyddiai llawer o chwaraewyr yr eli 'Deep heat' i iro eu cyhyrau ond nid felly rheng flaen Nant Conwy. Yr hyn a wnâi y gwaith yn dda iawn oedd eli pyrsiau gwartheg 'Pettifer's Green Oil', a Meréd fyddai'n dod ag o cyn y gêm. Golygai hyn fod cluniau'r rheng flaen yn wyrdd, yr un lliw â'r crysau! Ond yn wahanol i'r 'Deep heat', fyddai'r eli gwyrdd ddim yn llosgi'r rhannau 'preifat' petai'n digwydd dod i gyffyrddiad â hwy'n ddamweiniol!

Y tro cyntaf y bu Nant yn y rownd derfynnol. A'r clwb cyntaf o'r gogledd-orllewin i wneud hynny. Erbyn hyn maent wedi bod yn y rownd derfynnol yn y Stadiwm Genedlaethol dair gwaith ond yn dal heb ennill.

Pan aeth Nant Conwy i'r rownd derfynnol am y trydydd tro yn y Stadiwm Cenedlaethol yn Ebrill 2018, roedd hi'n achos i dynnu llun nifer o aelodau tîm y cyfnod cynnar yn ystod y noson ar ôl y gêm, gan gynnwys y bachwr Ianto Evans (yng nghanol y llun). Roedd ei ymddangosiad ar y noson yn syndod i bawb gan fod stori wedi bod ar led ei fod wedi marw!

Wrth gwrs, bydd pethau'n digwydd rhwng y ddwy reng flaen a all arwain at wrthdaro ffyrnig. Clywais am un bachwr yn sibrwd yng nghlust ei wrthwynebwr ei fod wedi cael noson dda gyda'i wraig. O ganlyniad, ffrwydrodd y ddwy reng flaen a chosbwyd y bachwr a daflodd ddwrn. Gwell i mi ddweud na chlywais unrhyw beth felly'n cael ei ddweud ond byddai cryn gecru'n digwydd rhwng ambell fachwr. Roedd Ianto, bachwr Nant Conwy, yn gythral bach caled. Yn enedigol o Lanelli ond yn byw yn Llanrwst, fe wyddai'r triciau i gyd. Cyn y gêm, fe dynnai ei ddannedd gosod allan a'u cadw yn yr ystafell newid.

Yn ystod un gêm, cwynodd ei wrthwynebydd fod Ianto wedi ei frathu ond dyma hwnnw'n troi at y dyfarnwr gan ddweud 'Nid y fi oedd o', gan agor ei geg i ddangos nad oedd dant yn ei ben. Ond mi wn fod Ianto wedi pinsio'i wrthwynebwr er nad oedd ganddo ddannedd!

Ianto oedd bachwr Nant Conwy yn ystod y tymhorau cyntaf. Er yn frodor o Lanelli, doedd ganddo ddim gair o Gymraeg ond yr oedd yn ffitio'n iawn i dîm oedd yn chwarae drwy'r Gymraeg. Ambell dro, byddai hynny'n cymhlethu pethau i Ianto. Rwy'n cofio chwarae mewn gêm yn Ninbych a minnau'n arwain y pac ac yn galw galwadau'r llinell. Fel y soniais eisoes, enwau ffermydd oedd yn gartrefi i'r chwaraewyr fyddai'r galwadau fel arfer, ond gan fod ambell ffarmwr yn nhîm Dinbych, a'r ardal yn taro ar Ddyffryn Conwy, byddent yn adnabod yr enwau, felly rhaid oedd ceisio twyllo'r gwrthwynebwyr. Roedd Geraint Tŷ Mawr yn chwarae blaenasgellwr, a'i gartref yn rhan o Eglwysbach gyda'r enw hyfryd Esgair Ebrill. Felly, dyma alw 'Esgair Ebrill', dim ond i gael ymateb Ianto, a safai gyda'r bêl yn ei law:

'Where the fuck is that?'

Rhaid oedd newid yr alwad!

Mae 'na stori arall am Ianto yn mynd i lawr i Gaerdydd i weld gêm ryngwladol am y tro cyntaf. Doedd y lleill yn y car heb fod fawr pellach na Phentrefoelas, felly dipyn o antur oedd y daith, a dweud y lleiaf. Rhoddwyd eu ffydd yn Ianto am ei fod yn wreiddiol o Lanelli – er nad oedd hwnnw erioed wedi teithio mewn car i dde Cymru cyn hynny.

Wedi teithio rai degau o filltiroedd y tu draw i Amwythig heb weld yr un enw cyfarwydd ers tri chwarter awr, dyma Ianto'n cyhoeddi, 'Dan ni'n olreit bois – ylwch sein yn deud 'The South'.'

Dilynwyd hwnnw'n fodlon. Ddwyawr yn ddiweddarach, dyma un o'r hogiau yn y cefn yn gofyn, 'Wyt ti'n siŵr ein bod ni'n mynd y ffordd iawn Ianto? Dwi newydd weld arwydd 'Heathrow – 10 miles'!'

Aeth Myrddin ati i gofnodi'r hanes (ac eraill) mewn penillion:

Mae'r clowns sydd yma'n Nant Conwy
Yn hawdd i'w nabod o bell;
Mi gath Ted 'send off' o'i gêm gynta -
'Na fo, fedrwn ddisgwyl dim gwell.

Un arall fu draw yn y 'Merig
Lle gwelodd eu ffwtbol bid siŵr
A dynwarad y croesi'r ded bôl line
Wnaeth Geraint – 'rochor yma i'r dŵr.

Ond y clowniaf o'r clowns am eleni
– I hwn rydw i'n tynnu fy nghap:
Mynd â chriw i Gaerdydd, dyna wnaeth o
I weld gêm – a fo'n darllen map.

Mae Ianto yn dod o Dde Cymru
Ac yn dallt be di be, debyg iawn;
Dyma adael Llanrwst yn reit gynnar
A 'nelu i gyrraedd at p'nawn.

Tua 'Mwythig, dyma weled rhyw arwydd
A 'THE SOUTH' yn glir arno fo;
'Dyna ni,' medda Ianto – 'ffordd yma -
Mi fyddwn yno ymhen fawr ddim o dro'.

Roedd milltiroedd yn mynd fel y fflamia
A'r car yn cael motorwe mewn steil
Ond 'chydig o oria yn hwyrach
Dyma sioc – 'HEATHROW TEN MILES'.

Yn ystod tymor 2017-18 aeth stori ar led yn y clwb fod Ianto wedi marw. Dychmygwch y syndod ymysg y criw pan fu i Ianto droi i fewn i'r dafarn lle roedd cefnogwyr Nant ar ôl y gêm derfynol yng Nghaerdydd. Dwi'n siŵr na chafodd Lasarus gymaint o groeso!

Tydi teithio ymhell ddim yn fantais bob amser. Aeth un o'r hogia am gyfnod i America a phan ddychwelodd i chwarae ar yr asgell i Nant Conwy, roedd gwylio cymaint o bêl-droed Americanaidd wedi dweud arno. Yn gynnar yn ei gêm rygbi gyntaf ar ôl dod adref, croesodd y llinell gais, taflu'r bêl i fyny i'r awyr a gweiddi: 'Touchdown'!

Rwy'n cofio chwarae yn erbyn Abergele un tro ac ar yr union adeg y rhoddodd y mewnwr y bêl yn y sgrym, fe ddaeth cawod uffernol o genllysg. Dyma'r ddau bac yn penderfynu cadw'r bêl yn y sgrym tan y byddai'r gawod drosodd, a'r cwbl a glywn yn sŵn y cenllysg oedd bloeddiadau rhegfeydd y cefnwyr yn crefu am gael y bêl, gan ein diawlio yr un pryd.

Ar ddechrau un o'r tymhorau cynharaf, llwyddodd Nant Conwy i sicrhau gêm yn erbyn Heddlu Gogledd Cymru. O'r dechrau bron, sefydlwyd rheol gan y Clwb os na fyddai chwaraewr yn troi i fyny ar gyfer ymarfer heb reswm digonol, yna byddai'n gorfod chwarae i'r ail dîm y Sadwrn canlynol. Ond anwybyddwyd y rheol honno ar gyfer y gêm hon. Am unwaith, ac unwaith yn unig, y llinyn mesur wrth ddewis y tîm oedd record troseddol pob chwaraewr. Difrifoldeb y drosedd oedd y ffon fesur. Felly, gan fod amryw wedi eu cael yn euog o ymladd, yr oedd sylfaen go gadarn i'r tîm! Cafodd Eryl Owain a minnau ein dewis ar sail troseddau niferus yn ystod ymgyrchoedd Cymdeithas yr Iaith. Wrth edrych yn ôl, mae'n amlwg ei fod yn benderfyniad anghyfrifol iawn gan i'r gêm droi'n ymladdfa wrth i ambell un fanteisio ar y cyfle i dalu'r pwyth yn ôl! Doedd hi'n ddim syndod na wnaeth Heddlu'r Gogledd gais am gêm wedyn!

Menter arall ar y cychwyn oedd cystadlu yn enw Clwb Rygbi Nant Conwy yng nghystadleuaeth Talwrn y Beirdd ar Radio Cymru, ond gwir yw dweud i'r Clwb fod yn fwy llwyddiannus ar y cae rygbi! Byddai tîm y Talwrn yn cael y tasgau gan y capten, Myrddin ap Dafydd, ac yn cyfarfod yn nghartref Eryl P. yn Ysbyty Ifan. Symol a phur anweddus oedd llawer o'r cynigion, ac âi pethau'n waeth wrth dreulio'r amser yn ceisio rhoi sglein arnynt. Yr unig stori a ddywedaf am y tîm hwnnw oedd y tro pan aethom i Lanarmon Dyffryn Ceiriog i recordio'r Talwrn unwaith. Wedi i ni gyrraedd, dywedodd y cynhyrchydd fod problemau gyda'r peiriant recordio ac y byddem ni yn yr ail ornest i'w recordio, a hynny ddim yn digwydd tan tua hanner awr wedi naw.

Doedd dim amdani ond mynd i'r dafarn gyferbyn â'r neuadd ac aed ati i feddwi'r aelod ieuengaf o'r tîm. O ganlyniad i hynny, ni allai ddarllen ei dasgau a bu'n rhaid i aelod arall o'r tîm eu darllen. Ers hynny, wrth wrando ar y Talwrn, byddaf bob amser yn meddwl a oes rhyw reswm amgenach pam fod hwn a hwn yn 'darllen gwaith rhywun arall'!

Elfen arall a ddaeth yn amlwg yw'r cydweithrediad rhwng papurau bro a'r clybiau rygbi yn eu hardaloedd. Fel arfer, ceir adroddiadau misol o'r gemau ac o ddigwyddiadau eraill yn ymwneud â'r clybiau yn yr ardal. Ambell dro, fe gofnodir digwyddiad doniol ar ffurf penillion ffraeth.

Ar ddechrau'r wythdegau, cododd anghydfod rhwng Undeb Rygbi Cymru a chwmni Adidas am fod y cwmni'n cael ei gyhuddo o roi cildwrn i chwaraewyr rhyngwladol am wisgo eu sgidiau rygbi. Roedd hi'n hawdd adnabod sgidiau'r cwmni hwn gan fod tair streipen lachar ar draws pob esgid. Cyn gêm yn Ninbych aeth hyfforddwr Nant at y dyfarnwr i ofyn iddo a fyddai'n fodlon chwarae jôc ar ddau o'r chwaraewyr drwy ddweud na allent fynd ar y cae yn dangos streips Adidas. Cytunodd y dyfarnwr ac aeth at

Tîm Nant Conwy a wynebodd dîm Heddlu Gogledd Cymru am y tro cyntaf (a'r tro olaf!)

y ddau wrth iddynt redeg i'r maes gan eu rhybuddio'n ddifrifol mai gêm amatur oedd hon ac nad oedd am weld streipen Adidas ar gyfyl y maes. Fel cyfaddawd, meddai, roedd caniatâd iddynt guddio'r streipiau efo mwd cyn mynd ar y cae. Felly dyna ble'r oedd y ddau ddiniwed yn baeddu eu sgidiau newydd sbon mewn darn lleidiog o'r maes tan i chwerthin gwirion gweddill y tîm ollwng y gath o'r cwd.

Prin fod angen mwy o hwb i Myrddin sgwennu'r penillion hyn a ymddangosodd ym mhapur bro *Yr Odyn*. (Gyda llaw, 'Meic Roi' yw enw'r hyfforddwr aeth at y dyfarnwr.)

ADIDAS I MI
Chwaraewyr rygbi Cymru
O'r gogledd ac o'r de,
Cofiwch fod yr arian
Yn hedfan hyd y lle,
Cewch arian gan Adidas
Am wisgo'u sgidia hwy
Y rhai â'r streipen melyn:
Enillwch gant neu fwy.

Aeth dau o glwb Nant Conwy
I Ddinbych un prynhawn
Gan sythu'n falch wrth feddwl
Fod ganddynt sgidiau iawn,
Ond dyna'r reff yn cwyno
'Hei, hogia bach, howld on –
Rhaid cuddio'r melyn disglair
Cyn mynd o'r stafell hon.'

Bu Ted a Gari'n rhwbio,
Roedd pryder yn eu brys
Wrth weld y lliwiau'n diflannu
A'r gwaith yn codi chwys.
'Rôl cuddio'r streipiau melyn
A rhwbio am yn hir
Y ddau edrychai'n wirion
Pan ddaeth y jôc yn glir.

Meic Roi (Yr Odyn, Ebrill 1983)

Yn y cyfnod yr oeddwn i'n chwarae, doedd y drefn cynghreiriau ddim yn bod. Heblaw am gemau cwpan, gemau cyfeillgar oeddynt i gyd, er, byddai'n anodd credu hynny ar adegau gan fod cymaint o ddyrnu yn digwydd. Y prif reswm am y dyrnu hyn – ac ar adegau, byddai aelodau'r ddau dîm i gyd wrthi – oedd safon y dyfarnu.

Mae hanes un gêm rhwng ail dimau Nant Conwy a'r Bala yn chwedlonol. Geraint Morgan, gŵr o dde Cymru ac un o hyfforddwyr Nant, gafodd y fraint amheus o ddyfarnu'r gêm. Fe ddirywiodd y gêm o fod yn gwffio i fod yn rhyfel ac erbyn hynny, roedd y dyfarnwr wedi cael llond bol. Yr adeg honno, roedd lleiafswm o wyth wythnos o waharddiad am dderbyn cerdyn coch. Galwodd y ddau dîm ato. 'Y nesaf i gambyhafio,' meddai, 'mi fydd o'n treulio wyth Sadwrn yn siopa efo'r teulu yn Llandudno.' Roedd y dyn yn nabod ei ddynion. Chwaraewyd gweddill y gêm fel ŵyn llywaeth!

Gan fod Geraint Morgan yn ŵr o'r de, ac yn siarad Saesneg gydag acen y de, dychmygwch syndod un o hogia Llanrwst pan aeth i weld gêm yng Nghaerdydd am y tro cyntaf:

'Pam fod nhw i gyd yn siarad fel Geraint Morgan i lawr yn fama?'

Ar gyfer y 'clwb' cyntaf ym Methesda, cafwyd hen

gantîn Marchlyn pan ddaeth gwaith adeiladu pwerdy Dinorwig i ben. Y Cwîns oedd cartref Nant Conwy ac i'r Commercial, neu'r Cwm ar lafar, yr âi tîm Bro Ffestiniog. Yn y cyfnod hwnnw, byddai tafarnau ar gau rhwng tri a hanner awr wedi pump, felly, yn gyfreithlon, nid oedd y tafarnwyr i fod i werthu diod. Ond trïwch chi ddweud hynny wrth ddeg ar hugain sychedig sydd newydd chwarae gêm galed! Y drefn yn y Cwm oedd gwerthu siandi. 'Dwn i ddim sut roedd hynny i fod i gydymffurfio â'r rheolau, yn enwedig o gofio mai peint o gwrw gyda'r dropyn lleiaf bosibl o lemonêd – pwyriad pry a dweud y gwir – fyddai'r 'siandi' hwnnw. Byddai rhai yn yfed siandi Ginis neu siandi brown mics oedd yn dangos pa mor wirion oedd y rheolau.

Hyfforddwr cyntaf Nant Conwy oedd Tony Greenwood, Sais pur oedd wedi dysgu'r Gymraeg yn rhugl a hynny, dan ddylanwad ei wraig, yn nhafodiaith y de. Roedd nifer ohonom yn paratoi'r cae ar gyfer y tymor newydd pan gyrhaeddodd Tony.

'Helo, sut wyt ti?' meddai (a 'ti' oedd pawb). 'Mae gŵr gwadd yma.'

Dyma'r hogiau yn edrych o gwmpas mewn cryn ddryswch gan fod pawb yn adnabod ei gilydd.

'Be ti'n galw fo yn y gogledd, twrch y daear neu rywbeth?'

A dyna'r ateb. 'Gwadd' neu wahadden yw gair y de am dwrch daear!

Rwyf eisoes wedi sôn am sawl cymeriad y deuthum i'w hadnabod yn ystod y cyfnod y bûm yn chwarae, ac mae i bob clwb ei gymeriadau. Y rheiny sy'n gyfrifol am lawer o'r straeon sydd yn rhan o draddodiad y clwb. Dyma grybwyll ambell glwb yng nghyd-destun rhai o'r cymeriadau a berthyn, neu a fu'n aelodau o'r clybiau hynny:

Pump o'r rhai a fu'n chwarae i Langefni oedd y brodyr Twm, Arthur a Siôn – cymeriadau difyr eu cwmni a

Chymry sicr eu Cymreictod – Sgwbi Dŵ, na chlywais ei enw iawn tan yn ddiweddar, a Huw Sowth. Fel arfer, fe elwid rhywun yn 'Sowth' am ei fod wedi ei eni neu wedi bod yn gweithio yn ne Cymru, ond nid oedd hynny yn wir am Huw. Aeth Llangefni i chwarae gêm gwpan i dde Cymru yn y saithdegau ac, ar y ffordd yn ôl, sylwodd rhywun nad oedd Huw ar y bws. Yr oedd wedi ei adael ar ôl, ac er na fu yno am fwy na rhai oriau, Huw Sowth fuodd o wedi hynny.

Byddai sôn am rai o gymeriadau clwb Bethesda yn teilyngu cyfrol ar ei ben ei hun, ond dyma grybwyll rhai o'r cymeriadau y deuthum ar eu traws. Prop mawr a chymeriad mwy oedd Joe Twigg. Ar ôl gorffen chwarae i Fethesda, aeth i Fflorida i weithio ac yno y deil i fod hyd heddiw, gan gyflogi rai o hogiau Bethesda yn y gwaith adeiladu pan ânt yno yn ystod cyfnodau pan fydd gwaith yn brin yn yr hen fro. Y prop yr ochr arall oedd Eifion neu 'Sbyt', un sy'n dal yn weithgar gyda'r clwb. Dyma andros o waeddwr a byddai angen rhoi rhywbeth yn eich clustiau os oeddech yn sgrymio yn ei erbyn! Ond y cymeriad mwyaf o'r cwbl oedd, ac yw, Richard Ogwen. Gellid sgwennu llyfr cyfan am anturiaethau hwn ond wna'i ddim ond sôn am gwrs hyfforddi a drefnwyd gan Undeb Rygbi Cymru un tro pan gynghorodd y sawl oedd yn cynnal y cwrs am i'r lleill beidio â chymryd sylw o'i iaith – ac nid difrïo y Gymraeg oedd hwnnw!

Soniais yn barod am Tony Coleman a Popeye o glwb Bro Ffestiniog a beth am Bobo, oedd yn propio i Borthmadog? Rhwbiai gymaint o faselîn ar ei wyneb a cheisiai weiddi cyfarwyddiadau gan wisgo ei *gumshield* fel y byddai'n ymddangos fel rhyw gymeriad mewn comic! Dau arall o'r un clwb oedd y brodyr Geraint a Dafydd Parry (Davies) gyda'u gwalltiau mawr a'u barfau a ddaeth yn gyfarwydd i bawb fel y 'Flintstones'.

Ond yn ôl at Nant Conwy. Un o'r cymeriadau mwyaf yn ystod fy nghyfnod chwarae oedd Mei Ty'n Bryn, Pentrefoelas, stwcyn bach sgwâr a bropiai i'r ail dîm. Cafodd y llysenw Mei Tair Tunnell, am iddo, medda fo, ganfod tsiaen drom gyda'r pwysau tair tunnell arni yn y coed. Llusgodd hi adref! Beth bynnag, byddai campau Mei ar y cae rygbi yn tyfu'n fwy o chwedlau wrth i'r noson fynd rhagddi ac wrth i'r cwrw ddechrau llifo. Mewn un gêm, roedd wedi cael ei daclo oddi fewn i'r llinell ddwy-ar-hugain ond wrth i'r stori gael ei hailadrodd dan anogaeth y gweddill, âi Mei yn agosach ac yn agosach nes ei fod, erbyn diwedd y nos, wedi cael ei daclo fodfeddi'n unig o'r llinell gais! Cymeriad gyda dychymyg byw iawn.

Y drefn yn y Cwîns ar ôl gêm oedd taflu'r bagiau'n domen yn yr hen dŷ bach ac anghofio amdanyn nhw nes ei bod yn amser mynd adref. Doedd dim rhyfedd fod ambell gamgymeriad yn digwydd ond chlywodd Emrys Gosen mo'i diwedd hi pan aeth â fy mag dillad budr i adref mewn camgymeriad, gan fy mod yn gapten y tymor hwnnw! Yn rhifyn y mis canlynol o'r *Odyn* ymddangosodd y penillion canlynol, eto o law Myrddin:

GOLCHI CIT Y CAPTEN
Mae un yng Nghlwb Nant Conwy
Sy'n siŵr o gadw'i le
Am ei fod yn gofalu
Fod y capten yn O Ce.

Mi fu yn ffraeo rhyngddynt
Yn dilyn gêm y Borth
Ac ofni wnaeth y cyrliog
'Fod o 'di llosgi'i dorth

Mi fethodd o â chysgu
O ofn y cai y drop
A bod ei yrfa bellach
Fel blaenwr braidd yn fflop.

Ond toc gwnaeth benderfyniad
Ac aeth â sana a thrôns
A faeddwyd gan y capten
A'u rhoi i Misus Jôns.

Bu honno'n sgwrio a smwddio
A'r gŵr yn ll'gadu'n graff;
'Rôl golchi cit y capten
Mae'r safle nawr yn saff.

Un a fu'n weithgar iawn gyda chlwb Nant Conwy o'r
cychwyn oedd Wmffra Cwîns neu Wmffra Bach
(Humphrey Hughes i roi ei enw bedydd iddo). Nid yn unig
iddo fod yn allweddol yng ngweinyddiaeth y clwb ond fo
a Rita ei wraig a roddodd gartref i'r clwb am flynyddoedd
yn nhafarn y Cwîns yn Llanrwst. Mae'r ddau bellach yn
byw yn Sbaen. Dyma benillion a ganwyd ar achlysur
ymddeoliad Wmffra o'i swydd fel Cadeirydd Nant Conwy.

WMFFRA BACH
(*I'w chanu ar y gân werin 'Yn y môr'*)
Daeth pobun yma heno
    Wmffra Bach, Wmffra Bach
A'r hen griw i ddymuno,
    Wmffra Bach,
Pob hwyl wrth it ymddeol
'Rôl cyfnod hir, uffernol

Yn llywydd mor rhagorol
    Wmffra Bach, Wmffra Bach
Mae pawb yn dal i'th ganmol
    Wmffra Bach.

Bu yno ers y dechrau
    Wmffra Bach, Wmffra Bach,
Pan wawriodd yr wythdegau
    Wmffra Bach,
Yn un o'r rhai sefydlodd
Y Clwb, ac wedyn gweithiodd
Am oriau maith o'i wirfodd
    Wmffra Bach, Wmffra Bach,
Cyfraniad mawr a roddodd
    Wmffra Bach!

Y Cwîns a ddaeth yn gyrchfan
    Wmffra Bach, Wmffra Bach,
I garfan ar ôl carfan
    Wmffra Bach.
Bu ef yng nghwmni Rita
Yn disychedu'r hogia,
Fe dynnwyd twr o beintia
    Gan Wmffra Bach, Wmffra Bach
Llawn gormod ar adega'
    Wmffra Bach.

Wel, bellach rwyf yn tewi
    Wmffra Bach, Wmffra Bach
Ar ôl i mi'th glodfori
    Wmffra Bach.
A'i ddim i sôn yn fama
Am hen amrywiol betha

Fel hanes y stand gotia*
Wmffra Bach, Wmffra Bach
Dim ond dymuno'r gora
I Wmffra Bach.

*(Pan oedd Nant Conwy ar daith i Swydd Efrog, drwy ryfedd wyrth fe ffeindiodd stand gotia ei ffordd o fwyty Indiaidd i'r bws a chyrraedd yn ôl i Lanrwst)

Agwedd arall a ddatblygodd yn ddiweddar yw rygbi merched ac mae'n werth nodi fod dwy o genod Nant Conwy, Dyddgu Hywel a Gwenllian Pyrs, wedi chwarae i dîm merched Cymru, y ddwy o Badog/Cwm Eidda. Cofiwn fod tadau'r ddwy, Hywel Tai Duon ac Eryl P., yn chwarae i Nant Conwy ar y dechrau. Ardal fechan yw Padog/Cwm Eidda a pha ardal arall yng Nghymru sy'n gallu dweud bod englyn wedi ei lunio i un lamp – yr unig lamp stryd drydan yn y lle!

Dyddgu Hywel a Gwenllian Pyrs – y ddwy wedi cynrychioli tîm merched Cymru a'r ddwy yn dod o Badog ger Ysbyty Ifan

Lamp Drydan Padog
Yn llusern fodern safadwy – hi saif
   Yn ei swydd fel meudwy;
   Goleua 'ngham wrth dramwy
   I le mawl y golau mwy.

D. O. Jones

Rhaid cofio, hefyd, fod Gwenllian Pyrs wedi cynrychioli Cymru mewn dwy gamp – rygbi a threialon cŵn defaid.

Y cam nesaf oedd sefydlu tîm taleithiol yma yn y gogledd. Mae Rygbi Gogledd Cymru yn dîm sydd wedi datblygu yn ystod y blynyddoedd diwethaf ac yn cymryd chwaraewyr o'r clybiau lleol. Enw llawn y clwb yw Rygbi Gogledd Cymru 1404 neu RGC1404, sy'n cyfeirio at wrthryfel Glyndŵr ac nid, fel y dywedodd rhywun, at rif car swyddogol Undeb Rygbi Cymru!

Cae Bro Ffestiniog yn paratoi ar gyfer Gŵyl Car Gwyllt 2018

Atgofion personol am rygbi
– Dewi T. Davies

Wrth fynd yn hŷn, mae nifer o atgofion yn cymylu, yn cymysgu ac yn pallu. Mae hyn yn wir yn neilltuol o ran cronoleg: ond nid yn unig *pryd?* ond *pwy?* a *lle?* hefyd. Nid yw atgofion pawb o'r un digwyddiad yr un fath; mae amser a'r dychymyg yn tueddu i ystumio'r gwir, beth bynnag ydi hwnnw! Ar y llaw arall y mae ambell ddigwyddiad, ambell le ac ambell berson yn crisialu yn y pellter hwn ac yn dod yn fwy eglur a diddorol, gwir ai peidio! Â'r rhybudd hwn ar y dechrau y ceisir cofnodi rhai atgofion.

Roeddwn i yn y Brifysgol ym Mangor pan ddechreuais i chwarae rygbi; prin fy mod i wedi gweld pêl yn y Bala cyn hynny. Chwarae i'r Cymric gyntaf yn erbyn timau ysgolion ac ati a chwarae yn erbyn Harlech oedd newydd ffurfio'n glwb yn 1969. Roedd chwaraewyr da iawn gan y Cymric, fel Wil Martin, y mewnwr, o Bwllheli, Twm o Sir Fôn yn flaenasgellwr, Emyr Jenkins a Gareth Pierce, cefnwyr o safon o dde Cymru. Un gêm sydd wedi aros yn y cof yw honno yn Nhreborth yn erbyn y Gym-Gym o Aberystwyth. Mi wnes i a Charli sgorio ceisiau i'r Cymric ond roedd tîm myfyrwyr Aber yn beryglus. Methu â sgorio wnaethon nhw er fod un a ddaeth yn brif Swyddog Prawf Cymru wedi cael cyfle da; ac yntau'n gwbl glir dros y llinell, penderfynodd neidio'n ddramatig i'r awyr cyn tirio'r bêl, ond wrth lamu felly saethodd y bêl o'i ddwylo a chael ei dal gan un ohonon ni!

Un gêm bwysig yng nghalendr y Brifysgol oedd honno rhwng y Cymry a'r gweddill – Saeson fwyaf ac un Albanwr budr! (Ei gyfenw oedd Woods ac roedd o'n astudio Coedwigaeth!) Bron bob blwyddyn, y Cymry oedd yn ennill y gêm honno er fod mwyafrif y tîm cyntaf yn Saeson; tîm enillodd darian UAU ar ddechrau'r saithdegau yn erbyn Loughborough. Doeddwn i, fodd bynnag, ddim yn arfer chwarae i'r Brifysgol, ond i Langefni. Wn i ddim yn iawn sut y digwyddodd hynny ond perswadiwyd rhai ohonon ni i gymryd rhan mewn treialon ar Ynys Môn er mwyn ffurfio Clwb Rygbi Llangefni. Dylid cofio mai dim ond RAF Valley oedd â thîm rygbi ar Ynys Môn bryd hynny. Rhannwyd yr ynys yn bedair a chaed dwy gêm gynderfynol a'r gêm derfynol i sefydlu'r clwb. Yn nhîm canol yr ynys y rhoddwyd fi, yn bartner i John Pierce Jones a ddaeth yn enwog fel actor cysylltiedig â champ arall. Er mwyn cyhoeddusrwydd cafwyd dyfarnwr rhyngwladol i reoli'r chwarae – Meirion Joseph, gŵr adnabyddus iawn ar y pryd. Dw i'n cofio fawr am y gêm dim ond ein bod yn chwarae yn erbyn ardal Amlwch a fy mod i yn y llinell yn erbyn rhyw Huw Hir, gŵr garw a di-serch oedd yn rhyw fath o forwr. Yn y gyfeddach y noson honno deallwyd fod Meirion Joseph yn Gymro Cymraeg gan ei fod wedi ateb un o'r chwaraewyr, pan ofynnodd hwnnw i'r dyfarnwr sut roedd o wedi mwynhau, â'r gair 'Pleser!' gan laesu pob llythyren. Chymerodd hi ddim llawer i ddeall mai'r gair hwn oedd un o'r geiriau prin iawn o Gymraeg y gallai Mr Joseph eu hynganu a bod angen sawl peint arno cyn dweud hwnnw!

Sefydlwyd Clwb Rygbi Llangefni yn 1972. Un o'r prif resymau am gynnydd clybiau rygbi yn yr adeg hon oedd fod Cymru yn gwneud yn dda yn rhyngwladol ond, efallai, yn fwy penodol, bod Llewod 1971 wedi ennill cyfres yn Seland Newydd am y tro cyntaf o dan arweiniad Carwyn James a chnewyllyn o chwaraewyr Cymru. Yn fuan wedi hynny sefydlwyd llawer iawn o glybiau eraill yn y gogledd, ond ar y dechrau roedd rhaid teithio y tu hwnt i ogledd Cymru i lenwi'r rhaglen gemau. Cafwyd sawl ymweliad â Chilgwri a mannau eraill yn Swydd Gaer a Swydd Gaerhirfryn gan deithio yn amlach na pheidio mewn bws. Yr oedd Dewi 'Pws' Morris wedi ymuno â'r clwb erbyn hynny ac yn chwarae yn faswr i'r tîm cyntaf; maswr unigryw iawn oedd yn gallu rheoli'r chwarae yn wych ar adegau ond yn bur fympwyol o ran gwneud penderfyniadau. Pan gâi bàs wael – 'pàs ysbyty', pan oedd yn amlwg fod y taclwr a'r bêl yn mynd i gyrraedd yr un pryd – byddai'n troi ei gefn ac yn anwybyddu'r bêl yn llwyr gan egluro wedyn ei fod wedi gweld 'Ward Llifon, Ysbyty Môn ac Arfon' wedi'i ysgrifennu ar y bêl. Wrth deithio ar y bws hefyd, wrth arafu trwy drefi a phentrefi byddai Dewi yn hael iawn ei gyngor i drigolion lleol, yn enwedig pan aed heibio priodas yn araf a Dewi yn nrws y bws yn rhoi awgrymiadau treiddgar, ar goedd, i'r priodfab!

Yn y cyfnod hwn byddai rhai teithiau yn cael eu cynnal, yn enwedig ar gyfer gemau rhyngwladol. Yn yr Alban yr oeddem i chwarae tîm Rosyth Civil Servants ar y bore Sadwrn. Dyma gyfarfod â'r Albanwyr ar y nos Wener a threulio oriau diddan yn eu cwmni; oriau maith iawn a phawb yn bur flinedig ac emosiynol yn mynd i'w wely am rhyw deirawr/bedair cyn y gêm. Pan ddechreuodd y gêm roedd tîm Llangefni'n dal ym myd breuddwydion. Pan ddechreuwyd ymysgwyd o'r niwl, a ninnau rai pwyntiau ar ei hôl hi, daethom i ddeall nad y chwaraewyr ar y cae gan y gweision sifil oedd y rhai fu yn ein cwmni y noson cynt – roedd y rhain yn effro a heini ac wedi cael noson dda o gwsg sobr!

Cafwyd teithiau sobrach i chwarae yn nhrydedd a phedwaredd rownd yr hen Gwpan y Bragwyr. Un lle yr ymwelwyd ag o oedd Cwm Twrch, ond yr ymweliad sy'n dod i gof orau yw hwnnw â Blaenafon. Teithio i Flaenafon yn oriau mân y bore wnaethon ni, ac roedd cyrraedd y cwm tlodaidd hwn ym mhellafion Gwent fel camu'n ôl i'r dauddegau. Yr unig fan gwyrdd a llewyrchus yno oedd y cae rygbi! Ar ôl deng munud o chwarae, roedden ni i lawr i dri dyn ar ddeg, y canolwr John Roberts (cynhyrchydd efo HTV) wedi torri pont ei ysgwydd a Huw Bach, y mewnwr, wedi gorfod gadael y gyflafan oherwydd cnoc ar ei ben: 'cyfergyd' yw'r term cyfoes. Doedd dim eilyddion yn cael eu caniatáu yn y cyfnod hwnnw. Colli o 17-0 oedd hi, a dau yn yr ysbyty. Wedi treulio peth amser yn y clwb a chyfarfod Terry Cobner oedd wedi dychwelyd yno i'w glwb 'cartref' wedi bod wrthi'n chwarae i Bontypŵl, dyma gychwyn am adref. Roedd John Roberts wedi gorfod aros yn yr ysbyty ond roedd Huw yn teithio'n ôl. Yn anffodus, fodd bynnag, anghofiwyd fod un arall, nad oedd yn chwarae y diwrnod hwnnw, John Huw, wedi mynd i'r ysbyty i helpu, a gadawyd y creadur ar ôl. Mae'n debyg nad oedd neb, hyd yn oed ei gefndryd, Arthur a Siôn, wedi deall nad oedd o ar y bws. 'Huw Sowth' fu enw mabwysiedig John Huw wedyn, oherwydd y cysylltiad hwnnw!

Gellid adrodd nifer o storïau am Arthur a Siôn a grybwyllir uchod a'u brawd Twm (a grybwyllwyd fel chwaraewr yn y coleg), hogiau fferm o ogledd Môn; rhai addfwyn ond caled iawn. Prop oedd Arthur er nad oedd yn drwm; a dweud y gwir doedd o'n ddim ond esgyrn a chyhyrau; doeddwn i ddim yn hoff iawn o fod yn glo y tu ôl iddo gan y byddai fy ysgwydd chwith yn gignoeth ar ddiwedd y gêm! Cofio chwarae yn erbyn Llandudno rhyw dro, y tro cyntaf i Langefni chwarae eu tîm cyntaf. Roedd Arthur yn wynebu prop Gogledd Cymru, Neil Ashworth.

Aeth Ashworth â fo i lawr yn ystod y sgrymiau cyntaf ond doedd hyn yn poeni dim ar Arthur; roedd o'n dal i sgrymio'n frwd â'i wên ddiddannedd heb bylu dim. Yn fuan roedd Ashworth wedi cael digon, heb fwy o egni i blygu na gwthio. Ennill wnaethon ni y prynhawn hwnnw gan fynd ymlaen yr wythnos wedyn i guro Rhyl oedd yn cynnwys Chris Neville, wythwr Cymru 'B'.

Llangefni enillodd Gwpan Gwynedd am y tro cyntaf, cwpan a gyflwynwyd gan George Workman, Mochras. Yn erbyn Harlech ym Modegroes, Efailnewydd, Pwllheli yr oedd y gêm. Yr unig sgôr oedd cais gan Langefni o fewn pum munud pan oedd Mike Smith, cefnwr Harlech, chwaraewr da iawn, yn plygu i lawr i gau carrai ei esgid a Rod Hughes, asgellwr Llangefni, yn mynd heibio!

Chwaraewyd ail rownd derfynol Cwpan Gwynedd ym Mangor, rhwng yr un dau dîm. Cyfartal oedd y sgôr, hyd yn oed ar ôl amser ychwanegol yn y mwd a'r tywyllwch; gêm galed ond diflas iawn i chwarae ynddi ac i'w gwylio, yn cynnwys goliau cosb yn unig. Penderfynu rhannu'r cwpan a wnaed yn hytrach nag ailchwarae ac ailadrodd yr un syrffed!

Gellid dweud nifer o storïau am un cymeriad arall yn nhîm Llangefni, Dafydd Owen o Aberffraw. Prin y byddai neb yn ei adnabod o dan yr enw hwn ond wrth ei lysenw Sgwbi Dŵ (na, wn i ddim pam!). Roedd o bob amser yn hael iawn ei gyngor i'r gwrthwynebwyr gan ganolbwyntio ar eu diffygion ar y maes ac oddi arno! Gallai fod yn frwdfrydig iawn mewn sgarmesi rhydd. Gwelwyd o unwaith yn tynnu coes allan o ryc, dim ond un goes, fel pe bai wedi cael gafael ar un ochr i *wishbone* twrci. Roedd perchennog y goes yn sgrechian a phan ddaeth i'r golwg gwelwyd mai'r wythwr Brian Thirsk oedd o, capten Llangefni (fu farw llynedd yn llawer rhy ifanc). Doedd

Sgwbi ddim am ymddiheuro iddo fo ond yn hytrach ei geryddu am fod mor ddwl â gwisgo 'sana gwyrdd, gwirion' ac nid rhai duon fel y gweddill ohonon ni.

Brian Thirsk hefyd oedd y dioddefwr yn y digwyddiad a ganlyn. Roeddem yn chwarae ym Modegroes mewn gêm bur gyfartal ond yn cael sgrym ger llinell gais Pwllheli (doedd dim rhaid dod ymlaen 5 metr bryd hynny), y sgrym yn gadarn a Llangefni yn methu gwthio pac Pwllheli yn ôl dros y llinell er i ni ennill y bêl. Dyma Brian, yr wythwr, yn codi'r bêl o gefn y sgrym ac yn rhuthro am y llinell heibio'r blaenasgellwr a'r mewnwr ac ... ar ei ben i'r postyn noeth, heb unrhyw amddiffyniad meddal arno. Roedd nifer ohonom yn dystion i hyn ac yn methu peidio chwerthin. Am rai eiliadau doedd chwaraewyr Pwllheli na Llangefni yn medru chwarae dim er fod Brian ar lawr yn tuchan!

Un broblem amlwg ym Mhorthmadog oedd fod y cae yn is na lefel y môr, a rhwng llifogydd a llanw roedd ambell i gêm yn cael ei gohirio. Hyd yn oed pan oedd chwarae, roedd yn medru bod yn oer ac yn wlyb iawn. Un tro aeth asgellwr Tywyn oddi ar y cae fel pe bai mewn breuddwyd. Yn ddiweddarach deallwyd ei fod wedi ei gludo i'r ysbyty yn dioddef o *hypothermia*! Mae'n well bod yn flaenwr yn swatio mewn sgarmes gynnes!

Chwaraewyd nifer o gemau cofiadwy (a rhai y dylid eu hanghofio!) ar y cae hwnnw ar y Traeth ac weithiau ar gae'r ysgol. Yno y curwyd Bethesda am y tro cyntaf ar ôl i brop enwog y tîm hwnnw groesi'r ffin gwsg heb ddeall hynny, cyn rhoi'r bêl i lawr am 'gais'. Dilynodd llawer o gega rhwng hogiau Bethesda, a phan ddigwyddai hynny (ac fe ddigwyddai'n aml pan oedden nhw ar ei hôl hi) roedd gobaith da i'w curo!

Ym Methesda y cafwyd y gêm honno pan yrrwyd pawb oddi ar y cae! Roedd hi wedi dechrau pan daclodd blaenasgellwr Porthmadog, un Jack Dunnell (Sais dosbarth canol 'very far-back' oedd yn galw dynion yn 'darling'), ac wrth daclo dim ond cael gafael ar un goes y rhedwr. Defnyddiodd y rhedwr hwnnw ei droed rydd i sathru pen Dunnell. Aeth pethau o ddrwg i waeth pan geisiodd Stan Cl'ena (Clenennau – y diweddar, ysywaeth) gicio pen un o Fethesda wrth ruthro heibio rhyw sgarmes. Pe bai'r droed wedi taro'r pen byddai hwnnw dros y pyst! Roedd y dyfarnwr, un Brian Ormshire oedd yn byw yn Garndolbenmaen, wedi cachgïo ers tro, a daeth â'r gêm i ben fel *abandoned match* a olygai fod y ddau dîm wedi eu gyrru i ffwrdd ac y byddai'r ddau glwb yn derbyn cosbau llym. Yr oedd mantais, fodd bynnag, o gael dyfarnwr gwan a buan y'i perswadiwyd i beidio â chofnodi'r ornest yn y modd hwn. Yn hynny o beth roedd Porthmadog a Bethesda yn unfryd unfarn, wrth reswm, ac yn ffrindiau mawr ar ôl y gêm.

Yn draddodiadol portreadir hogiau'r rheng flaen fel rhai twp. Mae'n siŵr mai'r dybiaeth gan eraill yw ei bod yn rhaid eu bod yn dwp i chwarae yn y fath safle, yn enwedig yn nhywyllwch dirgel y sgrym. Hyrwyddir y ddelwedd hon gan aelodau o'r rheng flaen eu hunain; er enghraifft, dywedodd Graham Price ryw dro, wrth siarad am reng flaen enwog Pont-y-pŵl yr oedd o'n aelod ohoni, 'Mae'n rhaid i chi ddeall mai 136 ydi cyfanswm ein sgôr IQ ni ... a mi rydw i'n 124!' Efallai fod y stori a ganlyn yn atgyfnerthu'r ddelwedd honno.

Ym Mhorthmadog un tro, roedd cod lluchio i'r llinell fel a ganlyn. Bob tro y gwaeddwn enw lle yn dechrau ag 'A', roedd y bêl i fynd i'r blaen, yr ail yn y llinell. Pan waeddwn enw lle yn dechrau â 'B' – Bangor, Bargoed, Birmingham – roedd y bêl i fynd i'r canol ac yn yr un modd 'C' i fynd i'r cefn. Roedd y cod syml hwn yn gweithio am beth amser ar y dechrau, o leiaf, a'r gwrthwynebwyr heb ddeall, nes i mi weiddi 'Aldershot!' heb ystyried seiniau'r Saesneg na sgiliau sillafu pobl Garndolbenmaen a'r cyffiniau. Roedd y neidiwr mewn penbleth gan ofyn i'r chwaraewr agosaf, 'Be ddiawl ydi 'O'?'!

Y ddau dîm y gellid bod yn sicr o gêm gorfforol galed yn eu herbyn (a rhai 'cyffyrddiadau' corfforol y tu hwnt i reolau'r gêm!) oedd Bethesda a Delyn (Helygain i ddechrau, Delyn wedyn ac yna Fflint) ond dyma'r ddau glwb lle y byddai'r croeso a'r cyfeillgarwch a'r hwyl ar ôl y gêm ar ei orau: yn y Bwl ym Methesda ac yn y Swan yn Fflint yn y dyddiau cynnar. Wrth reswm, y mae croeso ym mhob clwb ar ôl y gêm; dim ond un achlysur brofais i o ddrwgdeimlad yn parhau ar ôl gêm. Yn un o glybiau arfordir y gogledd y bu hynny. Roedd Llangefni newydd roi curfa i'w tîm cyntaf a Phwllheli wedi chwalu eu hail dîm ac roedd cael eu curo gan y camdrinwyr defaid o'r gorllewin yn annerbyniol ac yn groes i drefn Duw! Ni fu ymladd mawr, dim ond fod y casineb yn ffrwtian o dan yr wyneb am beth amser a ninnau a Phwllheli yn dewis ymadael yn swta ond urddasol. Erbyn hyn, gellir datgan yn eithaf hyderus mai yn y gorllewin hwn y mae clybiau cryfaf gogledd Cymru; efallai fod y digwyddiad uchod yn garreg filltir yn y datblygiad hwnnw.

Wedi gêm yn Nhywyn bu tîm Porthmadog mewn ymladdfa yn y gwesty a oedd, bryd hynny, yn 'gartref' i'r clwb. Roedd chwaraewyr Tywyn i gyd wedi diflannu yn fuan ar ôl y bwyd a datblygodd drwgdeimlad rhwng bachgen lleol, nad oedd yn chwarae rygbi, ac aelodau o dîm Porthmadog. Casglodd yntau nifer o'i gyfeillion o'r dref. Bu gwydrau a dyrnau yn hedfan am gyfnod cyn i ni wneud ein ffordd, dan warchae, i'r bws ac adref. Dim ond wedyn y daeth achos gwreiddiol y casineb i'r golwg; roedd

un o gefnogwyr selog Porthmadog wedi bod braidd yn hy
â chariad y gŵr ifanc gan ei chyffwrdd yn slei ar hyd
gwaelod cadair esmwyth, yn amhriodol, a hynny fwy nag
unwaith. Bu bygythiad gan berchennog y gwesty, oedd yn
swyddog gyda chlwb Tywyn, i'n diarddel rhag chwarae fel
clwb, ond ddaeth dim o'r peth.

Un o'r rhyfeddodau mwyaf a welais i ar gae rygbi
erioed oedd cic gan Gyffs, (Gareth Griffiths) o dîm
Porthmadog. Mi rydw i'n meddwl mai chwarae yn erbyn
tîm y Trallwng oedden ni, a hynny oddi cartref. Cic gosb
o gryn bellter oedd hi a dyma Gyffs yn ei chicio: mi darodd
yn erbyn y postyn chwith ac adlamu gan daro'r trawst ac
wedyn yn erbyn y postyn arall cyn mynd drosodd am
driphwynt!

Hyd y cofia i, dim ond un gêm ddi-sgôr y chwaraeais
ynddi erioed. Roedd honno yn y cae isaf yn Nhreborth, o
dan gysgod pont Britannia, yn y mwd a'r glaw.
Porthaethwy oedd yn chwarae'r Bala yn y gêm hon. Rhyw
dimau cymysg oedd gan y ddau glwb gan ei bod yn ddydd
Sadwrn rhyw gêm ryngwladol a nifer o chwaraewyr o'r
ddau glwb wedi mynd i honno. Oherwydd y gêm
ryngwladol chwaraewyd y gêm yn gynnar, tua hanner
dydd. Yr unig beth a gofia i oedd y blaenwyr yn ymryson
ac ymaflyd codwm yn y mwd, y cefnwyr yn aros yn ofer
am y bêl a'r chwarae yn ôl ac ymlaen rhwng y llinellau deg
metr. Rhyddhad i bawb oedd clywed y chwiban i ddod â'r
hunllef i ben!

Pennod 4:
Galwadau llinell
a thrip i Ynys Manaw

Atgofion Gwilym 'Popi' Evans

Mi fues i'n chwarae i dîm Porthmadog am tua wyth mlynedd o gychwyn y clwb. Bu'n rhaid i mi stopio chwarae am resymau teuluol gan fod iechyd fy nhad yn mynd yn waeth a bod angen ei helpu ar y ffarm. Os oeddwn i'n brifo wrth chwarae, roedd pethau'n anodd a phethau'n cael eu gadael am wythnosau heb eu gwneud. Gan fy mod hefyd yn gweithio llawn amser, dim ond y penwythnosau oedd gennyf i wneud llawer o waith y ffarm. Hwyrach fod hynny'n beth da achos roedd pobl yn fy nghofio pan oeddwn i'n gallu symud yn sydyn ac mi wnes i orffen chwarae cyn colli fy nghyflymdra a chlywed sylwadau fel 'duw, mae o di arafu'.

Dwi am sôn yn gyntaf am drip y clwb i Ynys Manaw dros y Pasg un flwyddyn. Roeddem yn croesi o Lerpwl ar nos Iau ac mi oedd yna gystadleuaeth 7-bob-ochr ar y dydd Gwener a'r dydd Llun a 15-bob-ochr ar y dydd Sadwrn a'r dydd Sul. Mi ddaethom ni'n ffrindiau efo tîm o swydd Efrog ar y dydd Sadwrn, rhyw 'Old' rwbath. Roedd y rhan fwyaf o'r timau yn aros yn y gwestai ar y prom yn Douglas a dwi'n cofio Gwynedd (Griffiths) yn cerdded i mewn yn hwyr un noson yn cnoi cennin Pedr. Dyma berchennog y gwesty yn dod ato fo a ac yn dweud:

'You're not eating my wife's daffodils are you?'

'No,' medda fo'n syth, 'these are from next door.'

'Next door haven't got any daffodils,' medda fo.

Gwilym (Popi) Evans, Porthmadog

'Not now,' medda Gwynedd.

Yn ystod y gêm yn erbyn y tîm o swydd Efrog, roeddan ni wedi sgorio cais a Gareth Griffiths yn cymryd y trosiad. O'n i wedi dechrau mwydro efo chwaraewyr a chefnogwyr y tîm arall a dyma un o'r cefnogwyr ar ochr y cae yn fy ngalw ato i gael diod o botel *brown ale* tra roedd y gic yn cael ei chymryd. O'dd o'n neis hefyd!

Ar ddiwedd y gêm daeth y dyfarnwr ataf a dweud, 'Wyt ti'n deall dy fod o flaen y ciciwr pan oedd yn cymryd y gic ac fe ddyliwn fod wedi gwrthod caniatáu y trosiad. Ond mi welais dy fod yn cael 'meddyginiaeth' ac am dy fod yn cael 'triniaeth', roedd hi'n iawn, doedd.'

Dyna ysbryd y peth, roedd o'n fwy o hwyl na dim arall. Oedd yna dîm o Lanybydder yno a Dewi oedd enw un prop. Doedd o ddim y prop mwya'n y byd ond fod ei dechneg o'n uffernol o dda. Oedd yna dîm arall, rhyw dîm bonedd. Wel, oedd Dewi wedi codi ei brop nes oedd o ar yr ail ddec – wedi mynd o dano fo a'i godi i fyny nes chwalu'r sgrym. Ar ôl rhyw ddwy neu dair sgrym roedd gwyneb y prop yn gostwng ac yn gweiddi: 'Come on Dewi, one of your specials!'

O'dd yna lot o hwyl – a dipyn o yfed hefyd! Ar ôl bod yng nghwmni'r tîm o swydd Efrog, roedd ein gwesty ni yn cau yn gynnar, neu ar amser, felly dyma'r tîm arall yn ein gwahodd ni i'w gwesty nhw gan fod hwnnw byth yn cau. A dyna be wnaethon ni, mynd draw efo nhw. Ac mi o'dd o'n wir, doedd y lle ddim yn cau. Tua tri o'r gloch y bore, dyma'r barman neu'r perchennog yn dweud, 'When the sun rises, I'm shutting the bar.' Dyma prop y tîm arall yn codi a chau'r cyrtans!

Rhyw betha felna o'dd yn digwydd.

Dewi Twm (Dewi T. Davies) oedd y capten ac roedd o wedi mynd at y bar. Dyma ni'n cyfeirio ato fo fel Twm Tirmynach. Y lleill yn methu dallt be oedd y Tirmynach 'ma, a minnau'n deud: 'Oh, it's a small place in North Wales.'

'Where's it near?

'Frongoch.'

'Where's that?'

'Near Bala.'

'Where's that?'

'Near Corwen.'

'Where's that?'

'Near Llangollen.'

'Where's that?'

'Near Shrewsbury.'

Dyma Twm yn dod yn ôl o'r bar efo peint yn ei law.

'Oh, you're from Shrewsbury, are you?'

Oedd o ddim cweit y peth oedd Twm isio ei glywed,

nag oedd? 'Not amused' fyddai'r ffordd neis o ddisgrifio ei ymateb!

Un arall yno oedd Dilwyn (Dobson Jones) ac roedd hwnnw wedi mynd i gysgu yn y bar. Roedd Dil yn mynd i gysgu ar ôl hyn a hyn o gwrw. Am ein bod ni ar daith, roedd gan rywun rasal yn ei boced ac wedyn mi ddoth un ael a hanner ei fwstash i ffwrdd. O'dd golwg y diawl arno. O'dd o'n byw adra yr adeg honno, cyn priodi, ac isio esbonio i'w dad beth oedd wedi digwydd!

Rywsut, mi gafodd rhywun y syniad dwl o yfed Harvey Wallbangers, sef rhyw gymysgedd o fodca a sudd oren a rhywbeth arall. Oeddat ti ddim yn cysgu ar y daith (i fod) ac roedd rhaid yfed yr Harvey Wallbangers (yn ogystal â pheintiau) nes oedd rhywun wedi syrffedu arnyn nhw.

O'dd hi'n ddiddorol yn ddiwylliannol hefyd (coeliwch neu beidio). O'dd yna rai ohonon ni'n siarad Cymraeg gyda'n gilydd pan ddaeth yna hogan atom a gofyn be

Clwb Chwaraeon Madog

oeddan ni'n siarad. O'dd hi o'r Ynys ac yn dysgu Manaweg. Yng nghanol y lol i gyd a'r holl sothach, mi gawsom ni drafodaeth ddiddorol ar stad y Gymraeg a'r Fanaweg.

Mi wnaeth o drip da iawn ond welson ni ddim byd ond Douglas, ambell i dŷ potas a'r cae rygbi.

Pan es i i chwarae i dîm Port mi oedd hi'n ddifyr cael cwmni pobol oeddat ti ddim yn meddwl amdanynt fel cymeriadau, ac eto roedd gan bawb eu rhinweddau, yn gwneud pethau gwahanol yn y tîm.

Wedi cyrraedd rownd gogynderfynol cwpan y Bragwyr (fel yr oedd hi yr adeg honno) ac wedi cael tîm o ochor Casnewydd – Cwmcarn, aethon ni i lawr yno ac o'dd 'u rheng flaen nhw bron ar eu pensiwn! O'dd nifer o'r tîm yn hen, rhai ohonyn nhw wedi chwarae i safon uwch yn eu hamser.

Am y deng munud neu chwarter awr cyntaf, mi oedden ni'n lluchio'r bêl o gwmpas ac mi gawson ni gais yn y gornel, a Gareth Connick yn sgorio. Wedyn dyma nhw yn cau'r siop, cadw'r bêl i fyny jersi a dwi'n meddwl mai 32-4 oedd y sgôr yn y diwedd (4 pwynt am gais yr adeg honno). Dydd Sadwrn cyn y 'Dolig oedd hi ac mi oeddan ni wedi penderfynu aros i lawr ac wedi cael gwesty reit rhad.

Ar ôl y gêm, oeddan ni mor siomedig efo'r perfformiad nes bod pob un yn barod i fynd ar y bỳs a mynd yn syth adra. Mike Mitch (Mitchelmore) oedd ein prop, oedd yn fwy na'i wrthwynebwr ond heb chwarae ers rhyw lawer – rhyw flwyddyn neu ddwy. O'dd y prop arall yn hen ben ac yn gwybod yn union be o'dd o'n wneud ac mi chwalodd Mike. Dwi'n meddwl i Mike ddysgu mwy yn y gêm yna nag a wnaeth mewn tymor. Beth bynnag, roedd pawb yn drist a siomedig ac yn barod i fynd adra a dyma Mike Mitch yn gwneud y datganiad anfarwol:

'O'n i wedi cael fy mhrop i boeni,' medda fo, a dyma

pawb yn edrach arno fo, gystal â deud 'pa gêm oeddat ti'n chwarae ynddi?' cyn cario 'mlaen: 'O'dd o'n poeni fod o wedi'n lladd i!'

Ddaru hynny dorri'r tristwch, pawb yn ymlacio. Cawod ac i'r bar ac mi gawson ni gythral o noson dda.

Oeddan ni'n aros yn y gwesty 'ma yn rhywla yn y dociau yng Nghasnewydd. Dwi ddim di gweld lle tebyg iddo fo. Oedd yna ddim cloeau ar ddrysau'r llofftydd. O'dd o'n lle ryff ond dyma dyn y lle yn deud na wnâi neb gymryd ein stwff o'r llofftydd. O'dd y dyn tua hanner cant, yn foi mawr ac fel duw yn y lle. Gawson ni gythral o noson dda yn fama eto a'r dyn yn deud na fyddai'n cau'r bar nes y byddem wedi gorffen.

Dwi'n cofio siarad efo'i ferch; o'dd honno tua pump ar hugain, yn hogan dlws a'i chariad yn y carchar am wneud rhywbeth difrifol. Finnau'n gofyn iddi os oeddan nhw'n cael trafferth efo'r heddlu am fod yn agored yn hwyr. Nac oeddan, medda hi, ac mi sobrodd gweddill yr ateb fi, a hynny am tua dau o'r gloch y bore.

'Dan ni'n cael gêm o gardia yma ar nos Iau, gêm anghyfreithlon, lot o bres. Mi a'th 'na un boi i'r toilet a pum munud wedyn, mi ddoth yr heddlu i mewn drwy'r cefn. 'Dan ni'n gwybod pwy ydi o, a neith o ddim cerdded yn iawn byth eto.'

Roedd hynny'n gwneud i ti feddwl am fyhafio a pheidio gwneud na deud dim byd allan o'i le.

Tua tri o'r gloch y bore, roedd un o'r hogia isio gêm o pŵl. Mi a'th i osod y peli ac mi ddywedis y byddwn yno yn y funud. A'th rhyw hanner peint i lawr cyn cofio 'mod i wedi gaddo chwarae pŵl. Es i at y bwrdd. O'dd o wedi cael y peli allan, wedi estyn y triongl ar y bwrdd ond yn cysgu'n sownd gyda'i ben yn y triongl. Dyna'r math o noson oedd hi.

Oedd yna hogia lleol wedi dechrau chwarae cardiau efo gyrrwr y bỳs ac roedd hwnnw'n fflasio ei bres. Oeddan nhw am fynd â'r gyrrwr am gyrri wedyn. Dyma nhw'n codi i fyny a dyma dyn y lle yn dweud wrthyn nhw, 'You're taking him out with his money. I'm holding you responsible for bringing him back with his money.'

Dyma nhw'n eistedd i lawr yn ôl. O'dd hi felly yno. Ac mi gafodd gyrrwr y bỳs uffarn o noson dda. Ond yn y bore, roedd o wedi colli ei ddannedd gosod. Mi fuon ni drwy ei stafell a methu eu ffendio. O'dd o'n methu sefyll, bron. Erbyn hyn, oedd hi'n tynnu am hanner dydd a'r hogia wedi cael peint neu ddau ac mi oedd hi'n edrych fel bod prynhawn go dda o'n blaenau. Wrth lwc, o'dd gan un o'r chwaraewyr drwydded HGV (hawl i yrru lori fawr) ond nid PSV (hawl i gario teithwyr) a fo roddodd y bathodyn dreifar ymlaen a fo yrrodd y bỳs. Ddaru ni stopio yn Libanus ger Aberhonddu yn y Mountains (sydd bellach yn gartref preswyl). Erbyn cyrraedd fanno, o'dd y gyrrwr wedi cael hyd i'w ddannedd gosod ym mhoced ei gôt, ond y sawl oedd wedi gyrru'r bỳs gafodd fwyd am ddim yn y lle – bu'n rhaid i'r gyrrwr dalu! Mi yrrodd o ymlaen i Ddinas Mawddwy cyn i'r gyrrwr go iawn gymryd drosodd am weddill y siwrne.

Roedd Pat O'Marah yr hyn a elwir yn *non-playing secretary* ond byddai'n chwarae i'r ail dîm weithiau os oeddynt yn brin. Dwi'n meddwl ei fod o wedi chwarae yn yr un tîm â'i blant, ei efeilliaid. Mewn un gêm, o'dd Pat yn chwarae yn safle canolwr allanol. Tîm ifanc, dibrofiad oedd yr ail dîm fel arfer, gydag ambell un arall yn dod yn ôl ar ôl brifo. O'dd Pat ddim yn cael y bêl yn amal ond mewn un gêm, mi ddoth y bêl i lawr y llinell yn hanner Port ac i ddwylo Pat. Gwelodd ryw foi mawr o'r tîm arall yn dŵad amdano a dyma Pat yn rhoi cythral o gic i rywle i lawr y cae rhag tacl y boi mawr. Unwaith yr aeth y gic i mewn, o'dd Pat yn saff, doedd y boi ddim am ei daclo. Yn ffodus i ni, ddaru'r bêl groesi'r llinell gais ac mi oedd yr asgellwr ifanc yn ddigon cyflym i gyrraedd y bêl a disgyn arni i sgorio. Yn y papur lleol yr wythnos wedyn, roedd adroddiad am y gêm yn cynnwys hanes y cais – '............ scored a try after a controlled kick ahead by Pat O'Marah' – pan oedd yna ddim 'control' o gwbwl ar y gic.

[Rydym wedi cael hanes yr alwad llinell A B C yn barod, ond dyma fersiwn Popi ohoni:]

Dilwyn, fel mewnwr, fyddai'n galw'r cod ar gyfer y llinellau fel arfer a Gwynedd oedd y bachwr a daflai'r bêl i mewn. Mi greodd yr alwad 'Aldershot' gryn ddryswch, nid yn unig am fod O yn lle A ond am reswm arall. Roedd cod arall a ddefnyddiai rifau. Os oedd rhif yn yr alwad, yna byddai'n rhaid i Gwynedd daflu'r bêl dros ben y llinell er mwyn i Pete Cartwright, y canolwr, redeg i'w dal fel *crash ball*. Wedyn dyma'r alwad 'Aldershot'.

Gwynedd: 'Aldershot, Dil?'

Dilwyn: 'Ia, Aldershot, O, O.'

Mi gymrodd Gwynedd mai'r rhif o oedd yr alwad a dyma'r bêl yn fflio i ganol cae. O'n i wedi dallt yn sydyn beth oedd Gwynedd yn ei wneud a dyma fi'n troi am ganol y cae ond roedd pawb arall wedi stopio a dwi ddim yn meddwl fod Pete wedi clywed yr alwad, neu doedd o ddim yn disgwyl y bêl, wedyn o'n i wedi mynd ar ôl y bêl ar ben fy hun, doeddwn.

O'dd 'na alwad arall hefyd, un efo'r llythyren K ynddo.

Dilwyn (yn galw enw'r dref Knighton): 'Neityn, Gwyn.'

Gwynedd: 'Neityn?'

Dilwyn: 'Ia'

Gwynedd (gan ddal i edrych arno): 'Neityn?'

Dilwyn: 'Ia, K...neityn, Gwyn.'

Gwynedd: 'A-a-a, dallt rŵan.'

Mewn ymarfer un tro dyma Tabor yn dweud, 'Fel hyn ti'n taclo, yli. Ti'n rhoi un fraich yn fama, ti'n rhoi braich yn fama, braich yn fama, braich yn fama a braich yn fama a ti wedi'i gael o.'

Dyma Gwynedd yn troi rownd a dweud wrtho, 'Gwranda, dim ond dwy fraich sydd gen i!'

Roedd Twm yn gapten am flynyddoedd. Oedd o wedi cael llond bol ar un chwaraewr oedd yn holi rhyw gwestiynau dwl o hyd, a hynny drwy'r tymor. Yn y noson wobrwyo, noson yr hogia, ar ddiwedd y tymor hwnnw yn y Glaslyn, dyma fynd trwy'r holl wobrwyon am y tymor – Chwaraewr y Tymor ac yn y blaen. Oedd hi'r flwyddyn y bu farw Carwyn James, a dyma Twm yn dweud, 'Mae gynnon ni un wobr ar ôl, sef 'Rugby Brain of the Year'. Mae hi rhwng (yr un oedd Twm wedi cael llond bol arno) a Carwyn James. A gweld fod Carwyn James wedi marw, does ond un enillydd felly!' Roedd Twm wedi cael dweud ei farn ar ôl yr holl holi.

Yn un o'r gemau cyntaf ges i, y profiadol Wyn Isaac oedd yn chwarae maswr. O'n i'n torri o'r sgrym ac yn methu'r maswr arall o dipyn bach o hyd. Dyma Wyn yn dweud (yn ei acen ddeheuol), 'Tyrd mas ychydig bach.'

'Be ti'n feddwl?' holais.

'Tyrd allan chydig bach,' ac wedi hynny, roeddwn yn cael gafael ar y maswr bob tro. Enghraifft o brofiad Wyn yn help i mi, 'de.

Roedd y gemau yn erbyn Bethesda yn rhai 'diddorol' bob tro. Yn y cyfnod cynnar, roedd yna foi yn byw ym Mhrenteg o'r enw Jack Dunnell yn chwarae i ni (mae Dewi Twm wedi sôn amdano'n barod). O'dd o wedi bod mewn ysgol fonedd ac yn siarad 'very far back'. O'n i wedi ei rybuddio fo cyn y gêm fod y ffaith ei fod o wedi pasio'r bêl ddim yn golygu fod boi Bethesda ddim yn mynd i'w hitio fo. Doedd o ddim cweit wedi dallt, doedd o rioed wedi bod ym Methesda cyn hynny.

Dyma fo'n tynnu'r dyn, pasio'r bêl – a 'bang', roedd y ddau ar lawr. Dyma Jack yn codi ac yn deud, 'I say, that's not the done thing, you know, old boy.' O'dd y boi Bethesda wedi dychryn mwy na Jack Dunnell achos doedd o rioed wedi clywed neb yn siarad fel yna o'r blaen.

Dro arall, aethon ni i Fethesda a doedd un neu ddau o'u tîm cyntaf, y rhai oeddat ti'n eu nabod, ddim yn chwarae. Roedd Kevin Whitehead, y cefnwr, yn priodi y diwrnod hwnnw a rhai wedi mynd i'r briodas. Oedd gynnon ni ddau dîm ac mi oedd yna fŷs. Ar ddiwedd y gêm, gawson ni wahoddiad i gyd i fynd i'r briodas, yn y Log Cabin, Clynnog. Ac fel hyn y rhoddwyd y gwahoddiad: 'Pam na ddowch chi rownd i Glynnog efo'r bỳs i ni gael ffeit iawn i orffen y briodas?'

Ac mi oeddan nhw o ddifri!

Yr adeg hynny, byddai llawer o chwaraewyr y gwahanol glybiau yn mynd i lawr i Gaerdydd i weld gemau Cymru ac mi o'dd hi'n anodd cael tocynnau, gan nad oedd y clybiau bach ond yn cael rhyw bymtheg tocyn yr un. O'dd Gwynedd a fi wedi cyfarfod rhai o hogia clybia'r gogledd yng Nghaerdydd un tro, rhyw ddeg ohonon ni o ryw bum clwb gwahanol. Wrth gerdded i mewn i dafarn, dyma un o'r lleill yn deud, 'Cofiwch, hogia, os oes 'na unrhyw drafferth, hogia clwb Bethesda ydan ni.' Doedd gennym ddim crysau na jersis y clybiau fel sydd heddiw.

Doedd cae cyntaf Port ar y Traeth ddim y cae gorau yn y byd. O'dd o'n gae gwlyb iawn. Y peth cyntaf fyddwn i'n ei wneud wrth redeg ar y cae oedd rhedeg trwy'r dŵr. Waeth i ti wlychu ddim, oeddat ti'n mynd i wlychu fel blaenasgellwr agored beth bynnag. Weithiau, oedd yna ganolwr yn y tîm arall efo *crease* ar ei drowsus glân. Os fedrat ti ei daclo a'i ddal o dan y dŵr am chydig, oeddat ti'n drysu ei gêm o.

Un tro, oedd yna chydig mwy o ddŵr nag arfer ar y cae. Ti'n clywed yr ymadrodd 'wnawn ni gicio efo'r rhediad yn y cae' neu 'wnawn ni gicio efo'r gwynt', ond ar y cae yma, 'wnawn ni gicio efo'r llanw' oedd hi!

Trwy hyn i gyd, er y dyrnu a'r cega, oeddat ti'n dal yn ffrindia efo'r timau eraill ac yn aml iawn, yn ffrindiau hyd heddiw. Roedd unrhyw helynt yn gorffen ar y cae – dim byd yn croesi'r llinell wen.

Dwi'n cofio chwarae mewn gêm gwpan yn erbyn Benllech. Dewi Twm oedd y capten a chyn mynd allan o'r ystafell newid, dyma fo'n siarad efo'r tîm – yn rhoi y *team talk*: 'Wythnos diwetha, oeddan ni'n ddigon da, ond ddim yn ddigon milain. Rhaid bod yn fwy milain, iawn?' Ac aeth ymlaen i'n cynhyrfu nes oedden ni'n ysu am gael mynd ar y cae. 'Unrhyw gwestiwn rŵan?'

'Oes,' medda Bobo, un o'r props. 'Be di milain?'

Mi oedd pawb arall yn chwerthin wrth fynd ar y cae a'r holl gynhyrfu yn fethiant. Ond mi oeddwn wedi sylwi fod y boi 'ma oedd isio i ni fod yn filain yn dal ffag yn un llaw!

Dyma stori arall am yr un cymeriad. Mi oedd Port yn chwarae yn erbyn Dinbych. Dyma sgrym ar yr asgell chwith y tu mewn i'w 22 nhw. Dyma ennill y bêl ac aeth y symudiad â hi ar draws y cae i'r asgell bella. Ennill y bêl eto a'i symud hi yn ôl ar draws y cae. Pwy oedd newydd godi o'r sgrym wreiddiol ond Bobo. Roedd o'r tu allan i'r asgellwr a dyma Bobo'n derbyn pas gan hwnnw, tua pymtheg llath o'r llinell gais. Oedd o'n mynd fel y diawl a dyma fo'n croesi'r llinell gais ond gan nad oedd yn siŵr iawn lle'r oedd o, dyma fo'n dal i fynd, felly dyma un o'n tîm ni yn ei daclo i wneud yn siŵr y byddai'n syrthio ac yn sgorio'r cais. O'dd o'n diawlio am fod un o'n tîm ni wedi ei daclo, heb werthfawrogi yn union pam y gwnaed hynny.

Roedd Pete Cartwright, un o'r canolwyr, i fod adra am swper erbyn rhyw hanner awr wedi saith ar ôl pob gêm. Tua naw o'r gloch un tro dyma rywun yn dweud wrtho, 'Ti'n hwyr, Pete.'

A'r ateb: 'Yndw, mae hi'n rhy hwyr i fynd adra'n fuan ac yn rhy fuan i fynd adra'n hwyr!'

Mewn gêm yn erbyn Bethesda, dyma Stan Cl'ena yn llorio asgellwr bach y gwrthwynebwyr efo'i fraich ar led. Yr unig beth wnaeth o oedd rhoi ei fraich allan. Oedd hi rhyw bum munud o ddiwedd y gêm ac mi aeth hi'n ffeit rhwng pawb ar y cae. Cafodd Stan ei hel i ffwrdd.

Dyma ddywedodd Stan wrth y reff (Ormshire): 'I went for his waist and he ducked!' Wrth gwrs, doedd dim byd o'r fath yn wir.

Cofio mynd i chwarae yn rhywle a chriw ohonom yn dilyn ein gilydd mewn ceir. Mi gafodd un o'r hogia bynctiar wrth garej Dolydd (ger y Groeslon) a dyma'r ceir eraill i gyd yn stopio. Estynnwyd jac i godi'r car ond roedd gwaelod y car wedi pydru gymaint, mi aeth y jac drwy'r metel. Doedd dim amdani ond cael y rhan fwyaf o'r pac i godi'r car er mwyn cael newid yr olwyn i barhau ar y siwrne i'r gêm.

Teimlwn nad oedd hanes Clwb Porthmadog yn gyflawn heb gynnwys y penillion hyn. Roedd Gareth Connick yn athro ifanc, yn enedigol o Lyn Nedd pan ddaeth i Ysgol Eifionydd ar ddiwedd y saithdegau. Gan mai 'Pobl y Cwm' oedd unig gysylltiad y rhan fwyaf o hogia rygbi Port efo'i acen ddeheuol, yn fuan iawn fe'i bedyddiwyd gan rai yn 'Cwm Deri'! Ar ôl un gêm, aeth pethau'n flêr pan bwysodd y capten ar y pryd, Dewi Twm Davies, yn erbyn sinc golchi dwylo yn nhafarn yr Ostrelia a daeth y sinc i lawr oddi ar y wal. Damwain hollol oedd hi – dim yn fwriadol. Aeth Twm at y tafarnwr i ymddiheuro am hyn ond ymateb hwnnw oedd: 'It wasn't you, Dewi. It was that fucker from the South!'

Am wn i, mae'r dyn yn dal i gredu hynny hyd heddiw. Ar achlysur ymddeoliad Gareth Connick o'i swydd fel athro rhaid oedd atgyfodi'r stori. Mae bellach yn gweithio fel ymgymerwr i gwmni Pritchard a Griffiths. Ac fe fu Malcolm (Griffiths) sy'n ben ar y cwmni yn chwarae yn yr ail reng i Borthmadog:

> Mae'r straeon amdano'n amrywiol a brith,
> Adroddir y rheiny ddim ond yn ein plith.
> Daw un i'm cof am y tro cafodd gam
> Ac yntau'n ddiniwed – y bachgen di-nam.
>
> Yn nhafarn yr Osi, y sinc aeth i lawr,
> A'r sawl oedd gyfrifol oedd clamp o ŵr mawr.
> Meddai'r tafarnwr, go awe, shyt iwar mowth
> Ut wasnt iw Dewi,-
> UT WAS DDAT FFYCYR FFROM DDY SOWTH.

Cwrw 'rhad' a thripiau cynnar

Atgofion **Rhys Jones, Dewi T. Davies** a **Gwyndaf Hughes**
a recordiwyd yng Nghlwb Rygbi'r Bala

RhJ: Wel mae 'na sawl stori wedi digwydd i glwb rygbi
Bala. Dwi'n cofio un daith arbennig i wlad Belg. Aru o
ddim cychwyn yn dda iawn, o'dd hi'n hwyr yn cychwyn o
Bala yn un peth a ddaru ni fynd reit dda, ond ddim yn bell
o Dover lle oedden ni'n croesi (Ashford Kent oedd y dre
agosa) dyma 'na fwg yn dechre dod o'r bỳs, bỳs Williams
Bala. Erbyn deall, oedd *bearing* yr olwyn flaen wedi mynd
a bu'n rhaid i ni stopio ar ochor y draffordd a ninnau i gyd
wedi bod ar y cwrw o Bala hyd at Ashford Kent. A dyma ni
i gyd allan a mwg ym mhob man. Pwy ddoth ymhen
ychydig o funudau oedd y glas.

'Fedrwch chi ddim stopio'n fama,' a dreifar bỳs
Williams Bala yn deud, 'Fedra i ddim symud y bỳs, y
bearing di mynd.' Ymhen rhyw ddeng munud dyma fan yn
dod a rhyw wyth o blismyn yn escortio ni, cerdded ni ar
ochor y draffordd i'r *junction* cyntaf ac i ryw westy go
smart – rhy smart a deud y gwir o ystyried pwy oedden ni
a beth oedd y'n stad ni. Peth cynta wnaethon ni oedd
mynd ar ein penne i'r bar wrth gwrs. Ac ar y bar yn fanno
oedd na dair potel reit smart yn ganol y bar – oren, leim a
cyrens duon. A dyma 'na un o'r clwb yn syth at yr un
cyrens duon a'i lyncu fo, un arall yn cydio yn yr un oren
ac yfed hwnnw i gyd.

Ar ôl i ni gyrraedd Ghent aeth yna un, Pete, ar goll – a
dwi'n golygu ar goll. Oedden ni'n tueddu i gymdeithasu
yn yr un lle ar ôl chwarae ac wedyn pawb yn mynd i bob

Gwyndaf Hughes, Dewi T Davies a Rhys Jones yng nghlwb rygbi'r Bala

man doedden. Ac oedd hwn efo ni. Bore wedyn, brecwest, a toc dyma rhywun yn gofyn, 'Ti di gweld Pete?'

'Iesu mawr, naddo,' medde fi. 'Mae o efo rheincw siŵr braidd.'

Holi rŵan: 'Na, dydi o ddim efo ni. Pryd ddaru chi weld o?'

'Neithiwr.'

'Yn lle?'

'Wel, yn un o'r baria ma.'

Beth bynnag, dros gyfnod o ryw awr a hanner oedd y tensiwn yn codi a dim sôn amdano. Neb wedi ei weld o ers y noson cynt a'i dad, oedd ar y trip, yn dechrau panicio rŵan. Pwyllgor yng nghyntedd y gwesty. Lle mae o? Neb wedi ei weld o y diwrnod hwnnw a hithau'n hanner dydd. Be 'dan ni'n mynd i neud? Wel, does dim amdani ond yr heddlu. Pawb yn poeni, a doedd y mater ddim yn beth ysgafn erbyn hyn. Yng nghanol y pryder, pwy gerddodd i mewn ond Pete.

Y cwestiwn cyntaf oedd 'Lle ff--- ti di bod, Pete?'

'Don't know.'

'Be, ti'm yn gwybod lle ti di bod?'

'Na.'

'Lle gysges ti neithiwr?'

'Dwi'm yn gwybod.'

'Sut ffeindis ti'r hotel ma?'

'Dwi'm yn gwbod. Boi tacsi.'

'Pwy ddaru ffeindio tacsi i ti?'

'O, rhywun wrth y *bus shelter* rywle.'

Roedd y boi tacsi 'di bod â fo rownd dros ddau ddeg o westai. Cwestiwn cynta'r boi tacsi oedd 'Be di enw dy westy di?'. O'dd o ddim yn cofio nacoedd. Ibis Ghent oedd hi. O'dd y boi tacsi wedi mynd â fo i dros ugain gwesty, mynd â fo i mewn a gofyn yn Saesneg, 'This one?' – 'Don't know.' Odd boi y tacsi isio pres rŵan, a bil y tacsi yn ddau gant ewro. Wedi bod â fo rownd, ac mi o'dd hynny yn yr wythdegau cofia. Fedre fo ddim deud lle oedd o wedi cysgu, lle oedd o wedi bod na dim byd arall.

Oeddan ni'n aros yn Blackenberg, hefyd, rhyw le ar arfordir Belg oedd hwnnw a siopwr lleol efo ni. Aru hwnnw gychwyn ar y droed rong. Noson gynta, pawb allan ac yn eu holau un, dau, tri o'r gloch y bore. Peth cynta wnaeth aelod blaenllaw o'r Clwb – yng nghanol cyntedd y gwesty oedd 'na *water feature* reit smart a pysgod aur yn nofio'n rhadlon braf – be na'th hwn ond piso yn y ffownten. Oedden ni'n gweld y pysgod, a'r term Saesneg sy'n eu disgrifio nhw yw '*getting distressed*'. Roedd panic staff y gwesty yn amlwg, ond mi a'th y pysgod i rywle.

Bore wedyn, gan mai fi oedd y cadeirydd: 'Patron,

office, please. Why are you people so vild?' Gwyllt oedd o'n ei feddwl.

Wel, ar y trip hwnnw, y noson gyntaf, aeth yna ryw ddeg ohonon ni, y rhai calla, y rhai hŷn, efo'n gilydd allan. Pawb yn archebu be oedd o isio tan y prif gwrs, a'r siopwr lleol wedi cael y cyw iâr. Dyma fo'n deud, 'This chicken is off'.

'No, it's not off'.

'No? Well you try it then.'

Hwn yn deud does dim byd yn mater arno. Dros gyfnod o ryw bum munud i ddeg mi basiwyd y plât rownd pawb. Rhai yn deud does dim byd yn mater arno, rhai yn amau fod rhywbeth. Erbyn i'r plât ddod yn ôl at y siopwr, oedd tri chwarter y bwyd wedi mynd. Dyma fo'n deud wrth y *waiter*, 'This chicken's off, I am not eating it or paying for it.'

'Well, you've eaten over half of it,' medde hwnnw.

'No, I haven't, these people have been trying it,' medda fo.

Y *waiter* ddim yn ei goelio fo, ond oeddan ni i gyd wedi cael darn o'r cyw iâr 'ma. Oedd o'n benderfynol fod o ddim yn talu. Y peth nesa, daeth dau heddwas i mewn, un yn sarjant a'r llall reit ifanc ac yn nerfus. Y peth cynta na'th hwnnw oedd agor y bwcwl dros ei wn. Mi welodd hyfforddwr y Clwb hyn – oedd o'n dwrne – a dyma fo'n codi. 'I want none of that, I'm a lawyer.'

'Oh, are you? Where? Are you a lawyer in Belgium?'

'No.'

'Be quiet then,' medde'r plismon.

A'th hi'n hyll yn fanno am dipyn ac oedd pawb yn malu cachu. Wel, mi wnaeth pawb roi pres yn y pot a thalu i gael mynd o'no.

Dwi'n cofio, hefyd, yn Iwerddon, Port Laoise neu rywle oedden ni. Roedd 'na rai drwg am roi'r larwm tân ymlaen.

Larwm yn mynd am hanner awr wedi tri yn y bore. Pawb allan ar y stryd. Plismyn a phawb yno, ond 'run aelod o glwb rygbi'r Bala. Oedd 'na tua pump ar hugain ohonon ni. Ges i alwad i'r offis wedyn gan y manijar, a hwnnw'n gofyn cwestiwn tebyg i'r un yng ngwlad Belg.

'Are you people civilized?'

O'dd hwnnw isio pedwar cant ewro am ei fod o'n gorfod cael rhywun o Ddulyn i ailosod y larwm tân a rhyw ddau ddeg tri ewro y pen oedd hynny. Oedd hi'n reit hyll a fi oedd yn cael y cachu bob tro am mai fi oedd cadeirydd y clwb. Fatha gorfod mynd yn y Riverside yng Nghaerdydd, ar ôl rhyw 'Brewers Cup' neu rywbeth pan oedden ni'n chwarae Glyncoch, noson yng Nghaerdydd, aros yn y Riverside. Cyrraedd yn ôl, y rhai calla am un o'r gloch y bore ond y safon yn dirywio fel roedd y rhai'n cyrraedd yn ôl am hanner awr wedi dau. Oedd yna borthor nos yn gwneud y bar. Oedd o ddim eisiau gwneud y bar ond yn darllen 'Model Making Monthly' yn ei gwt. Bob tro oedd o'n dod i'r bar, oedd o'n cloi ar ei ôl. Y creadur yn gorfod agor a chloi y bar bob tro oedd yna rywun yn dod yn ôl. Mi adawodd o'r *hatch* yn agored ac mi sylwodd rhai yn syth ar hynny, fod o heb ei chloi. Mi oedd o yn fancw rownd y gornel yn darllen y 'Model Making Monthly' 'ma a be ddaru rhai wneud ond mynd i'r bar a dechrau helpu eu hunain – a hynny'n syfrdanol hefyd.

Aeth hi'n hyll yn y bore. Pan oedden ni wrthi'n cael brecwast, mi ddoth rheolwr y lle i mewn a holi, 'Who's in charge of you people?'

'Well, I suppose it's me. I'm chairman.'

'Can I have you in the office after you've finished your breakfast?'

O'n i wedi mynd i'r gwely, ond o'n i wedi clywed rhyw si am beth oedd wedi digwydd. Mewn â fi i'w offis o.

'We've got a severe problem,' medda fo. 'Your people have been helping themselves to drinks behind the bar.'

'What?' medde fi, 'Never. Our people wouldn't do that.'

'They have,' medde fo,'and it's a serious matter because it's theft.'

'Well, I suppose helping yourself is theft,' medde fi.

'I haven't called the police,' medde fo, 'but I will if I don't get satisfaction.'

Be sgin hwn isio? meddyliais, ac roedd rhaid i mi ofyn y cwestiwn iddo.

'How much money do you think, or the value in money, has disappeared from the bar?'

Bu bron i mi chwerthin yn ei wyneb o pan ddywedodd o, 'Seventeen pounds.'

'How much?' medde fi.

'Seventeen pounds.'

'No problem, I'll have it for you in ten minutes.'

'Thank you,' medde fo, 'and that's the end of the matter as far as I'm concerned.'

Dyma fi'n galw pawb at ei gilydd. 'Yr un rhai ohonoch sydd wedi bod y tu ôl i'r bar 'ma eto. Mae'r boi 'ma isio pres am be da chi 'di ddwyn.'

Pawb yn sbio ar 'u sgidia. Yr un rhai oedd yn euog bob tro.

'Faint o bres 'sgynno fo isio?' medda rhywun.

'Gynno fo isio swm sylweddol iawn.'

'Sen i'n meddwl bod, faint ddaru ni yfed,' medden nhw.

Pan ddywedes i 'Dwy bunt ar bymtheg', oeddan nhw'n blydi chwerthin. 'Fasa pum cant saith deg yn nes ati am be oedden ni wedi gymyd,' medden nhw.

Ond dyna fo, y fi oedd yn cael y cachu bob tro lle bynnag oedden ni'n mynd, fel cadeirydd.

DTD: Sôn am ddwyn cwrw, ti'n cofio'r stori 'ne yn yr Wyddgrug?

RhJ: Clwb go ifanc oedden ni amser hynny, 'de. Yn yr wythdegau.

DTD: Ie, o'n i'n chware. Rhyw dwrnament oedd o, chydig o dimau wedi cael eu gwadd.

RhJ: Ail dimau, 'de, '*Second fifteen competition*' oedd o yn yr Wyddgrug, wedi cael ei noddi gan un o'r bragdai 'na. Wedyn aru ni gyrredd y ffeinal. Os oeddat ti'n cyrredd y ffeinal, oedd 'na ganie cwrw wedi cael eu stacio hyd y gwelet ti. Dyne oedd y wobr i gael ei rhannu. Wedyn ddaru ni golli yn y ffeinal.

Ar ôl newid a ballu, fel mae, newid a chael bwyd a rhyw beint, oedden ni wedi mynd â'n cwrw ni i wahanol geir. Be oedden ni ddim yn ei wybod ar y pryd oedd y'n bod ni wedi mynd â chwrw'r Wyddgrug hefyd; o'n i'n gwybod diawl o ddim byd am hyn tan y diwrnod wedyn. O ran pwy oedd wedi mynd â'r cwrw, mi oedd gen i syniad ond ddaru nhw ddim cyfadde. Wedyn oedd Wyddgrug yn gwneud uffern o stŵr am y peth. Isio eu cwrw'n ôl.

Oedd John Evans, Plas Coch amser hynny, efo dipyn bach o gydymdeimlad at be oedd wedi digwydd. Aru hwnnw drefnu i bwy bynnag oedd yn sypleio Plas Coch fynd â beth oedden nhw wedi'i golli'n gyfatebol a'i ddelifro fo i Glwb Rygbi'r Wyddgrug. A dyne sut ddaethon ni allan ohoni.

DTD: O, dyne ddigwyddodd? O'n i'm yn gwybod hynny. 'Bounty' oedd o, ond o'n i'm yn gwybod am y datrysiad chwaith.

GH: Fuon ni'n ei drafod o mewn dau neu dri pwyllgor, do.

RhJ: Do, mi fuodd o'n destun trafod. Dyne sut y daethon ni allan ohoni. Ond o'dd Wyddgrug isio gneud peth mawr o'r peth. Fasat ti'm yn 'i neud o rŵan ond oedd 'na fwy o ffurfioldeb am y peth yr adeg honno.

Well i ti roi stori rŵan, Gwyndaf

GH: Oeddan ni yn Werddon ac yn chwarae yn Carlow.

DTD: O ie, o'n i yn fanno ac yn chwarae yn fanno.

GH: Dyna ti. Oedd 'na andros o sein crand, 'Carlow Rugby Club', gymaint â'r bwrdd 'ma, os nad oedd o'n fwy. Ddoth hwnnw i lawr oddi ar y wal a ddaru ni guddio fo yn y bỳs rywsut, do?

DTD: 'Dwn i ddim pwy na'th ei dynnu fo chwaith

GH: Wel, Yogi oedd y pen bandit.

AT: Yn clwb Dolgellau, mae yna arwydd yn dangos y ffordd i Murrayfield i fyny ar y wal. Aru 'na ddau o Ddolgella ei ddwyn o yn yr Alban a dod â fo i lawr efo nhw. Aethon ni, Nant Conwy i swydd Efrog, hefyd. Pum gwaith gawson ni blismyn aton ni: yr hogia wedi bod yn dwyn. Aeth un ohonyn nhw â cheffyl a throl pot, un efo casgenni cwrw pot arno fo, a'i gario fo allan o'r dafarn.

DTD: Ddaru rhai Llangefni gael rhyw beth mewn ffownten ar sgwâr rhyw bentref ar y ffordd i Sgotland, rhyw beth plwm fel rhyw fodel oedd o, o'dd raid iti dorri'r peips i'w gael o, rhywbeth mawr. Yng nghefn y bỳs fuodd o.

GH: Cofio ni yn Werddon eto ac yn aros yn Wicklow, ac wedi cael sesh yn y bar, oedd na un o'r hogie isio cachu a dim isio mynd i nunlle. Oedd na *glass case* efo *ornaments* ynddo fo. Dyma estyn un o'r *ornaments*, ei roi ar lawr, a cachu yn hwnnw. A mwya taclus weles ti rioed, y peth tebyca i *walnut whip*. Ei roi o'n ôl a mynd i'r bar.

Yn fanno hefyd oedd (person amlwg ym mywyd Cymru ar y pryd) efo ni. Oedd hi 'di mynd yn rhemp, oedd 'na griw mewn rownd. Y rownd erbyn y diwedd oedd potel o Tequila bob tro.

O'dd o (y person amlwg) i fod i gyfarfod â'i wraig yn

ganolfan y BBC yn Bangor ar y ffordd adref. O'dd o'n trio cerdded ac mewn andros o stad.

RhJ: O'dd o yno efo'r het Ostrelian honno a cyrcs yn hongian.

DTD: Ddim ar y trip hwnnw ddoth o yn ôl ac isio presant nodweddiadol o Werddon i'w wraig? Be ga'th o ond pac o datws, 'de.

GH: Dyna ti.

RhJ: Ar y trip hwnnw oedd gynnon ni *poteen*. Ddaru un o'r clybie roi rhyw ddwsin o boteli o *poteen* i ni, a lle ddaru ni roid o oedd yn ngwaelod y cit. Oedd hi'n ddiawl o wlyb pan oedden ni'n chwarae a'r cryse wedyn yn andros o drwm, oedd 'ne ddiawl o bwyse ar y cit. A dwi'n cofio rhyw foi cystoms yn Gaergybi. Pawb wedi mynd drwodd a'r dyn cystoms yn dod at y bỳs. A'r dreifar, y diawl gwirion, yn gofyn iddo, 'Have you checked the kit?'

'No, I haven't,' medde fo. Dyma fo'n cydio yn y cit, ond pan welodd o stad y cryse, 'Off you go,' medda fo. Oedden ni'n blydi lwcus am fod yna ddwsin o boteli *poteen* yn y bag o dan y cit.

GH: Dwi'n cofio'r daith gyntaf i Amsterdam, oedden ni yn y clwb ar ôl y gêm a dau o ffrindiau pennaf ar y pryd yn dechrau cega a cwffio. Oedd pawb ohonon ni wedi syfrdanu: be ddiawl sy'n digwydd? Ddaru 'na un arall allu eu gwahanu nhw ond oedden nhw'n dal i fynd am 'i gilydd felly dyma hwn oedd wedi'u gwahanu yn deud, 'Yr unig ffordd wnawn ni sortio hyn ydi peint bob un a downio fo.' Erbyn hynny, oedd na uffern o gylch mawr rowndyn nhw a...

RhJ: Isio reffarî.

GH: Ia, un *impartial*. Oedd na Saeson yno, a dau ohonyn nhw wedi dod i fusnesu be oedd yn bod. Y ddau'n barod rŵan, peint llawn yr un ac ar ôl tri. Un, dau, tri, a dyma'r ddau beint dros y ddau Sais 'ma. Oedden ni'n gwybod dim byd amdano fo, ond oedd yr hogie wedi ei blanio fo ymlaen llaw. Oedden ni'n meddwl eu bod nhw'n cwffio o ddifri. Gafodd y ddau Sais 'ma ddiawl o socsen.

RhJ: Dwi'n cofio'r busnes Tequila 'ma yn Werddon. Ddaru mi 'rioed feddwi cymaint, a dwi ddim 'di twtsiad diferyn o Tequila wedyn. Oedden ni ar y drydydd neu'r bedwerydd botel rŵan a dyma un o'r lleill yn dweud wrtha i, 'Gwranda, dwi ddim isio dim rhew yn y nesa.' Fel tasa fo'n gwneud gwahaniaeth 'de! Cofio hynny fel ddoe, fachgen. Ac o'n i mewn diawl o stad.

Ac o't ti'n sôn am un o'r hogie'n cachu yn yr *ornament* 'ne. O'dd o'n un *cut glass* drud. O'dd genno fo uffarn o gôt fawr at 'i sodle fel fod neb yn gweld yn y bar ar be oedd o'n eistedd.

DTD: Oedd o'n canu mwya telynegol yn Steddfod Llandderfel neithiwr!

RhJ: Ddaru fo aildrefnu'r cabinet fel bod neb yn sylwi be oedd wedi digwydd.

Cofio ni yn Amsterdam y daith gyntaf yne, a dau ohonon ni'n mynd i *sauna* un diwrnod. Ti'n mynd trwy ryw rigmarôl – *sauna*, cawod, *ice bath* dair neu beder gwaith. Iesu, pwy ddoth i mewn ond y bisin 'ma, yn hollol borcyn. Felly mae hi yn fanno, does gen ti ddim dynion a merched ar wahân.

Yn ôl â ni rŵan, a deud yr hanes wrth yr hogia. Neb yn ein coelio ni. 'Wel, 'dan ni'n mynd eto dydd Iau, felly dowch'.

Iesu, mi ddo'th 'na ryw wyth neu naw ohonyn nhw efo ni dydd Iau. Dyna fo, cychwyn y drefn eto, rownd a rownd, ond doedd 'na ddiawl o neb o gwmpas. Aethon ni rownd y gawod, yr *ice bath* a'r *sauna* am ryw ddwy awr. Ar ôl rhyw ddwy awr, mi ddoth 'na griw o ferched i mewn a dyna un o'r hogie, yr un lleiaf tebygol am wn i, yn rhoi tywel amdano fo'i hun.

Eto yn Amsterdam, oedd yna un o'r hogie erioed wedi bod efo dynes. Dyma fynd i'r 'lle gole coch' a phenderfynu gwneud casgliad i hwn gael mynd efo un. Dyma ffeindio dynes iddo fo. 'Be ti'n feddwl o hon?'

'Iawn, iawn.' Aeth dau i mewn a gwneud y *deal*. Ffwrdd â ni gan weld y ddynes yn tynnu'r cyrtens.

Oeddan ni mewn bar ar draws y stryd ac i gyd yn sbio rŵan. Pum munud yn mynd heibio, wedyn deg. Ar ôl rhyw chwarter awr mi ddoth o allan, wedi cyflawni gwyrth, am wn i. Wedyn dyma ni yn cael y *de-brief*:

'Sut hwyl gest ti?'

'Iawn.'

'Ddaru ti dynnu dy ddillad?'

'Do,' medda fo, 'ond nes i ddim tynnu'n sane.'

'Wel pam 'sa ti'n tynnu dy sane?'

'O'dd y nhraed i'n oer,' medde fo.

Dwi'n cofio ni'n mynd i ryw *sex shop*, ac mi a'th o oddi ar y rêls yn fanno wrth weld yr holl bethau oedd yno.

Cyrraedd yn ôl yn y Bala, ac wrth y Plas Coch, pob un o'r hogie yn rhoi magasîns budur i hwn. Pan welais i o ymhen rhyw wythnos, mi ofynnais i iddo fo be oedd o wedi ei wneud efo'r magasîns budur 'ne. 'Maen nhw'n saff – dwi 'di'u claddu nhw yn y bwyd ieir!' oedd yr ateb.

GH: Cofio yn Amsterdam, hefyd, un o'r hogie oedd yn gwybod hanes y ddinas honno wedi dod â bagie bach plastig efo fo, a paced *bicarb of soda*. Wedyn, cyn mynd adre, rhoi'r *bicarb* ym mhob un. Wrth fynd adre, gofyn i rai o'r hogie a fydden nhw'n rhoi rhai o'r rhain yn eu cesus. Iesu, oeddan nhw wedi dychryn – oedd o wedi'u setio nhw i fyny, 'doedd. Pob un yn dweud – 'Argol, dwi'm yn 'i dwtsiad o!'

RhJ: Cofio reit yn y tymor cyntaf, newydd gychwyn oedden ni, chwarae Tywyn. A'r capten cyntaf, y creadur, wedi marw'r diwrnod o'r blaen ar ôl bod yn wael am hir, ers rhyw bum neu chwe mlynedd.

Fo oedd y capten cyntaf ac oedden ni'n chwarae yn Tywyn. O'dd gynno fo drwyn reit fawr a hwnnw'n gwaedu rownd y rîl, neu oedd o'n gwneud rhywbeth i'w drwyn yn reit aml. A'r 'doctor dŵr' y diwrnod hwnnw oedd ysgrifennydd y clwb. Rhywun, fel y byddai, efo bwced a sbwnj. Ma' pethau wedi newid yn arw erbyn heddiw.

Trwyn y capten yn piso gwaedu. O'dd o'n eistedd ar lawr. Bloedd i'r llinell – dŵr, dŵr! A'r doctor dŵr yn dod ar y cae ac yn rhoi'r sbwnj ar ei ffêr o. Oeddan ni gyd yn chwerthin nes oedden ni'n sâl.

Oes, mae yna amseroedd difyr wedi bod.

Cofio ni'n chware un o dimau'r gogledd, a'r reffarî yn rhyw Jac Sais, ac oedd o'n meddwl ei fod o dipyn bach yn well na ni. Yn ystod y gêm dyma fo'n deud wrtha i, 'Look, sunshine, you can't do that.'

A'r capten yn mynd ato: 'Scuse me, don't call him sunshine, he's got a name like you.'

Rhyw bethe felly sy'n dod i gof.

[Ac yn y fan honno y daeth y sgwrs i ben gan fod y ddau dîm yn rhedeg allan ar y cae.]

Y gêm gyntaf erioed yn Stadiwm y Mileniwm a'r Haka Cymraeg

Atgofion **Eifion 'Sbyd' Davies** a **Dilwyn Pritchard** a recordiwyd yn nhafarn y Tarw, Bethesda.

Mae Eifion Davies yn un o hoelion wyth rygbi'r gogledd ac wedi bod yn ymwneud â chlwb Bethesda ers y cychwyn ym 1974. Mae'n gyfarwydd i bawb y tu allan i Fethesda fel 'Spud', ond ym Methesda fel 'Sbyts', am iddo dreulio blynyddoedd cyntaf ei oes ym mhentref Ysbyty Ifan. Mae cysylltiad Dilwyn Prichard gyda'r clwb hefyd yn mynd yn ôl blynyddoedd.

*Eifion (Spyd) Davies a Dilwyn Pritchard
yn y Tarw (neu'r Bull fel yr oedd) Bethesda*

Y Bwl neu'r Tarw ym Methesda

Y tîm cyntaf un i gynrychioli clwb Bethesda yn erbyn Clwb Cymry Caerdydd ym 1974. Ar y dde eithaf yn y rhes flaen mae Huw Jones (Huw Waen), trydydd o'r dde yn y rhes flaen mae Eifion Davies (Spyd) ac yng nghanol y rhes (pumed o'r dde) mae Joe Twigge

ED: Ein gêm gynta ni oedd yn erbyn Clwb Rygbi Cymry Caerdydd, er dwi'n meddwl fod ni wedi cael gêm ganol wythnos yn erbyn Bangor cyn hynny. O'dd o'n ddiwrnod mawr i'r ardal, chwarae ar gae'r ysgol a chael tynnu llun y tîm am y tro cyntaf. O'dd yr hyfforddwr cyntaf gyda syniad i mi fod yn *scrum half* ac am tua tri mis cyn hynny yn gneud imi drio *diving passes* nes oedd fy mol yn gleisiau byw. Beth bynnag, mi gawson *scrum half* o'r brifysgol ym Mangor ac mi es inna i bropio. Joe (Twigge), Dic Manweb a fi oedd yn y rheng flaen. Mae Joe yn byw yn 'Merica ers blynyddoedd ac mae Dic [a Sbyts] yn dal yn ffyddlon i'r clwb ers hynny.

Aethon ni ar y blaen 3-0 ac mae hynny wedi bod yn stigma i'r clwb achos 'dan ni wedi bod 3-0 ar y blaen lawer tro ers hynny a cholli yn y diwedd. Yn y gêm gynta yma, 50-3 iddyn nhw oedd y sgôr. Oedd Huw Llywelyn Davies, Martin Williams a Dewi Pws yn chwarae iddyn nhw. O'dd y noson ar ôl y gêm gynta erioed yn y Victoria ac roeddan ni'n gorfod mynd i mewn drwy'r drws cefn gan nad oedd y dafarn yn agor tan 5.30: pawb yn gorfod bod yn ddistaw tan amser agor, wedyn codi lefel y sŵn.

Honno oedd y gêm gynta, ac ymhen rhyw ddwy neu dair blynedd, cafodd y clwb y daith gyntaf, a hynny i Rugby, lle wnaeth y gêm ddechrau.

Cychwyn o'r Bull; erbyn hynny oeddan ni wedi symud i'r Bull a Meirion Twigge, brawd Joe yn ei chadw. Cychwyn ar fore Gwener efo dau dîm. Ar ôl teithio am ryw ddwy awr, o'dd yr hogia isio stopio yn rhywle i gael peint. Dwi'n meddwl mai yn yr Amwythig ddaru ni stopio. Dyma Meirion allan o'r bỳs gan weiddi, 'Dowch hogia, i mewn i'r pyb.'

O'dd gynnon ni gêm am saith o'r gloch y noson honno yn Newbold on Avon, y tu allan i dref Rugby. Wnaethon ni ddim curo – dwi'n meddwl ma' dod yn ail wnaethon ni!

Colli hefyd wnaeth yr ail dîm, 3-0. O'dd 'na uffarn o ganu ar ôl y gêm. [Wrth Dilwyn] Glyn Roc'n'Rôl, ti'n cofio hwnnw? 'Hymns and Arias' o'dd yr unig gân o'dd o'n gwybod. Bob rhyw ddeg munud, o'dd y llais 'ma i'w glywed dros y lle yn canu 'And we were singing...' ac yntau'n sefyll ar ben y seti.

Ymlaen wedyn i dref Rugby i aros mewn gwesty. Rhyw ddynes o'dd yn cadw'r gwesty ac mi oeddan ni wedi cael dipyn o gwrw ar ôl y gêm ac i chwarae tîm Rugby Welsh dydd Sadwrn. O'dd na gysylltiad rhwng Besda a Rugby achos o'dd dipyn o'r hogia wedi mynd yno i wneud prentisiaeth efo Rolls Royce a chwmni arall.

Yn y bore, aeth 'na rai ohonon ni i weld y lle ddaru'r gêm gychwyn, gweld y caeau a cherflun o William Webb Ellis. Dyma'r pnawn yn dŵad, a dwi 'di anghofio be oedd canlyniad honno, ond colli eto. Beth bynnag, gawson ni uffarn o noson dda ac wedyn yn y gwesty o'dd na uffarn o le. Dwi ddim yn meddwl fod y bobol yma wedi gweld rhai yr un fath â criw Besda o'r blaen!

Aeth pawb i'w gwlâu. Y funud nesa, o'dd na uffarn o le: Joe Twigge wedi colli £50 neu £100, dwi'm yn cofio'n iawn. Rholyn o bapurau wedi mynd ar goll a pawb yn cael y bai. O'dd Joe yn bendant fod y pres yn ei boced cyn hynny. Dyma fi i fyny i'r llofft i chwilio rhag ofn bod nhw yn fanno. O'dd y pres y tu ôl i'r sinc molchi. Es i â'r pres i lawr ac ro'dd Joe yn gorfod ysgwyd llaw ac ymddiheuro wrth bawb roedd o wedi eu cyhuddo.

A'th Joe allan y bore wedyn a phrynu côt ledar am £80. Mi fuo fo'n gwisgo'r gôt honno am rhyw 30 mlynedd wedyn, dwi'n siŵr. Dwi'n meddwl i ni golli'r gêm yn erbyn Rugby Welsh ac ar ôl noson yn y clwb, yn ôl i'r gwesty. O'dd yna uffarn o le yno'r bore Sul. O'dd un o'r hogia wedi bod y tu ôl i'r bar ac wedi dod yn 'rhy gyfeillgar', ddeudwn ni, efo dynes y lle. O'dd hi isio mwy o bres am y lle – £50 am bob goriad, a ninnau'n gwrthod talu dima. Galwodd yr heddlu, ac wedi iddyn nhw gyrraedd dyma nhw'n deud wrthan ni am fynd yn ddistaw.

Yn ôl â ni i glwb y Rugby Welsh i gael ychydig o gwrw cyn cychwyn am adra y pnawn hwnnw. Ond dyma ffeindio fod yna uffarn o dwrnament rygbi ar gaeau yr enwog Rugby School.

'Blydi hel, 'dan ni ddim yn mynd i fanno', medda dau neu dri ohonon ni, 'Ma' rhein wedi meddwi yn gachu bants a ma' nhw'n piso yn bob man a 'da'n nhw ddim i'r toilets na dim byd.'

Dyma bwyllgor o bump ohonon ni i drafod beth i'w wneud – mynd yn syth adra ta mynd i'r twrnament rygbi. Pedwar o blaid mynd adra a Richard Ogwen isio mynd i'r twrnament. Lle wnaethon ni orffen i fyny? Yn y twrnament rygbi. Felly, *democracy at its best* oedd hynny, democratiaeth Clwb Rygbi Bethesda!

I'r twrnament â ni a rhoi rhybudd i bawb ar y bws – 'gwnewch yn blydi saff 'dach chi ddim yn piso ar y cae, dim ond yn y toilets'. O'dd o'n uffarn o dwrnament, llawer iawn o chwaraewyr rhyngwladol yn cymryd rhan. Mi wnes i ac un arall 'ffeindio'n ffordd' i mewn i babell y noddwyr. Malu cachu yn fanno, holi am nawdd i'r clwb a chael diod am ddim. O'dd rhain yn ein pennau efo pob math o wybodaeth ond ymhen rhyw ddwy awr, oeddan ni wedi anghofio pob dim oeddan nhw wedi ei ddweud. Mi gawson ryw *rolls smoked salmon* – argol, doeddan ni 'rioed wedi gweld *smoked salmon* – a bwyd arall, a dyma ddechrau cario bwyd allan o'r babell i'r hogia. Ges i syniad wedyn o ddechrau cario diodydd allan iddyn nhw, jin a tonics a phethau felly oedd ar gael yno am ddim. Mi lenwis dre efo diodydd a'i gario allan ac am yr hogia. Wrth fynd drwy'r *in goal area* ar y cae, mi faglais nes o'dd y cwbwl ar lawr, y gwydrau'n rhacs yn bob man. Ar ôl rhybuddio'r lleill i fyhafio, o'n i wedi troi allan yn un o'r rhai gwaethaf erbyn hynny.

Y peth nesa o'n i'n gofio o'dd bod yn yr ystafell newid efo Bill Beaumont a Roger Uttley (y ddau'n chwarae i Loegr) a dwi ddim yn cofio pwy o'dd y lleill. Dyma fi'n gofyn i Bill Beaumont, 'When are Bethesda playing next? Which field are we on?'

Hwnnw'n edrych yn wirion arna i.

Beth bynnag, mi gawsom ni andros o bnawn, ac mi o'dd hi'n dda i ni fynd yno, ond o'dd y blydi hogia 'ma yn piso ym mhob man ar y cae er cael rhybudd i beidio!

Yn ôl â ni ar y bỳs a chychwyn am adra. Dyma stopio yn Wellington. Mi a'th rhai i'r dafarn a rhai i'r siop chips wrth ymyl y dafarn. O'dd yna uffarn o ffrae wedi bod yn y siop chips ond wyddwn i ddim beth o'dd wedi digwydd, dim ond fod 'na uffarn o le wedi bod. Dyna fo, *end of story*: adra â ni ar ôl taith lwyddiannus – colli tair gêm ond cael uffarn o hwyl.

Misoedd wedyn, dyma un o bwyllgor y clwb yn dod â llythyr i'w ddangos. O'dd o wedi ei stampio efo llawer o lefydd trwy Gymru.

DP: I mi ddoth o, fi o'dd yr ysgrifennydd. Yr amlen yn drewi o sent a'r unig gyfeiriad arno oedd Bethesda Rugby Club, Wales! O'dd o wedi bod mewn ambell le fel Sir Benfro a stampiau dros yr amlen i gyd a '*try North Wales*' wedi ei sgwennu arno. Mi gyrhaeddodd acw yn y diwedd. Cracar o lythyr gan ddynes y siop chips honno yn Wellington, yn dweud fod rhywbeth wedi digwydd yn y siop tua hanner nos a phethau wedi mynd yn flêr. O'dd y rhan fwyaf o'r hogia yn iawn, dim ond rhyw un neu ddau o'dd ar fai. Dyma hi'n sgwennu: 'I have never been spoken to like that before.'

Y clasur o'dd 'Tell the short, fat, curly haired one (Joe Twigge o'dd hwnnw) that not every one in the county has been through me!'

ED: Iesu, o'dd 'na hwyl, 'doedd? Pawb yn piso chwerthin yn y pwyllgor.

Wedyn aethon ni i Luxembourg ddwy waith. Aethon ni â chriw o hogia ifanc efo ni ar un daith ac mi aethon ni i fynwent ryfel Americanaidd. Iesgob, o'dd hi'n werth gweld gwynebau'r hogia ifanc wrth iddyn nhw weld yr holl feddi.

O'dd yna tua 30 ar y daith gyntaf, a thîm pêl-droed Lloegr newydd chwarae yno. O'dd 'na olwg y diawl ar 'u hola nhw. Beth bynnag, oeddan ni isio tafarn, isio *base*, a dyma ni i fewn i'r bar ma, Les Journal. Wrth weld llwyth ohonon ni'n dod i mewn o'dd bobol y lle ddim yn gwbod be i ddisgwyl. Ond dyma fynd ati i egluro nad criw pêl-droed oeddan ni ond criw rygbi. Ond oeddan nhw ddim callach be o'dd rygbi a nathon ni egluro mai dim Saeson oeddan ni.

Yn ystod y *tour* roeddan ni'n gorfod croesi ffiniau gan mai gwlad fach ydi Luxembourg, croesi i Ffrainc a'r Almaen. Iesu, oeddan ni'n bwysig wrth fynd drwy *customs* o un wlad i'r llall. Guron ni bob gêm, a welis i boster yn hysbysebu gêm rhwng Luxembourg a Bulgaria ar gyfer ceisio mynd i rowndiau terfynol Cwpan y Byd rygbi 1987. Argol, hogia Besda wedi curo tîm o'dd yn ceisio mynd i Gwpan y Byd!

Ddaru ni ffendio rhyw ogofau siampên, wrth afon Mosel. Mae gen i un botel yn dal ar ôl yn y tŷ acw. Mi ddois â llwyth o boteli adre ar gyfer pan fyddai'r genod yn priodi. O'dd yr ogofau yn oer ond yr haul yn braf y tu allan a dyna'r hogia'n dechra clecio siampên; y rhai calla un yn rhybuddio'r lleill i gymryd pwyll. O'n i'n un o'r rhai gwaethaf mae gen i ofn, yn chwil gachu bants. Aeth y bws â ni'n ôl a'n gollwng ni reit y tu allan i'r gwesty. Dyma Victor 'Bangor Lad' allan o'r bỳs: 'Lle ma'r hotel 'ma, hogia?' ac odd o yn union y tu allan iddi. Fuodd honno'n jôc am hir iawn yn y clwb.

Dwi'n cofio ni'n mynd i chwarae yn erbyn Llangennech yng nghwpan SWALEC. Briliant 'de. Oeddan ni tua tair lefel o danyn nhw o ran safon. Uffarn o baratoi rŵan. Aros yn y Stradey Park Hotel. Cyrraedd fanno ar y nos Wener ac o'dd côr Llanelli yn cael rhyw ddathliad felly o'dd na uffern o barti yno. Chwarae teg i'r hogia, fuon nhw'n reit gall y noson honno.

I lawr am Langennech ddydd Sadwrn. Uffarn o gêm i ni, ond yr un hen hanes. Sgorio cais cyntaf y gêm ond aeth pethau ar i lawr ar ôl y deng munud cyntaf gyda Llangennech yn sgorio, sgorio, sgorio. O'dd y dyn o'dd yn rhoi y sgôr i fyny ar ochr y cae ddim yn gweld y gêm achos o'dd ei wyneb o ar y *scoreboard* wrth newid y sgôr o hyd. Beth bynnag, o'dd hi'n 95-5 a dyma Dylan Jumbo yn codi'r bêl y tu allan i'n 22 ni a dyma ni'n mynd i fyny'r cae, dim mwy na dwy bas allan nes dod o fewn deg llath i'w llinell gais nhw cyn i'r reff chwibanu yn ein herbyn am beidio gollwng y bêl. Es at y reff a gofyn, 'What about the spirit of the game?'

Ond chymrodd o ddim sylw. O ia, ddaru Tanc, un o'n props ni o'dd yn pwyso 18 stôn, drio am gôl adlam yn ystod y gêm!

Ar ôl y gêm gawson ni andros o noson dda ac yn ôl â ni i'r gwesty. Bore Sul roeddan ni'n cael brecwast, ac mi o'dd tîm Munster yno, wedi bod yn chwarae yn erbyn y Sgarlets. Roedd Jim Williams, Ronan O'Gara a'r lleill i gyd yno ac mi o'dd hogia Besda wrth eu bodd. O ia, ar ôl dod yn ôl i'r gwesty nos Sadwrn mi gawson ni gwrw tan ryw dri neu bedwar y bore. O'n i'n rhannu llofft efo Elfed

Jackson, gyrrwr y bws. Dyma gnoc ar y drws yn y bore.
'Who is it?' holais.

'The manager'.

'What do you want?'

'There's been a bit of trouble in the night,' medda fo.
O'dd yna barti priodas yno ar y nos Sadwrn hefyd.

'Well, go and ask the people in the wedding,' medda fi.
'It's definitely not our players.'

'Well, sir, I think you'd better come with me,' medda
fo. 'You'd better get up and come downstairs.'

'What's the problem?' medda fi.

'Wel, the medical bag, tape and drinking water
belonging to the Munster team are missing from the
medical room in the hotel.'

'What are you telling me for?' holais. Es i lawr y grisiau
efo fo.

'Just look at the screen,' medda fo, a dyma luniau'r
camera ymlaen. Yno'n glir o'dd pedwar o hogia Pesda, y
stwff yn eu breichia nhw, yn mynd i fyny'r coridor ac i
mewn i'w llofft.

O'n i ddim yn gwybod hyn, ond ganol y nos o'dd ffisio
Munster wedi ffeindio fod rhain ar goll ac mae'n rhaid ei
fod o'n gwybod lle roeddan nhw wedi mynd achos mi aeth
at lofft yr hogia, cnocio'r drws a deud wrthyn nhw am agor.

Be oeddan nhw wedi ei wneud ond rhoi'r bandejis ma
rownd un o'r hogia nes o'dd o yr un fath a *mummy*, yn
fandej o'r top i'r gwaelod. Fo agorodd y drws yn y bandejis.
Wrth weld hyn, 'na'th ffisio Munster ddim byd ond piso
chwerthin.

O'n i ddim yn gwbod tan wedyn ond mi o'dd y ffisio
wedi cael y bag yn ôl a dyma fo'n deud, 'You can keep the
water, boys.'

Llwyth o boteli dŵr Kilkenny, a phawb ar y bỳs yn ei

Bill Huaki, y Maori a ddaeth i chwarae i Fethesda

yfed ar y ffordd yn ôl adra. Iesu, am chwerthin. Dyma fi'n gofyn i reolwr y gwesty, 'Can we come back to this hotel?'

'You can come back any time,' medda fo. O'dd o wedi cael cymaint o hwyl am y peth.

Y canlyniad gorau erioed yng nghwpan SWALEC i ni oedd yn erbyn tîm o'r enw Tonmawr. Am y tro cyntaf, oeddan ni'n meddwl ein bod ni am gael uffarn o gweir achos o'dd yn rhaid mynd â nifer o'r ail dîm am fod rhai o'r tîm cyntaf ddim ar gael, tua chwech ohonyn nhw. Doeddan ni 'mond wedi bwcio'r nos Wener mewn gwesty yn Aberafan. Roeddwn i ac un arall yn cysgu yn y *bridal suite* – fo yn y gwely crand *4-poster* a finna ar ryw wely bach.

Cyn y gêm, o'dd Andrew Evans wedi bod yn Awstralia ac wedi dod ar draws Bill Huaki, Maori o Seland Newydd. O'dd Bill yn digwydd bod yn Llundain yr adeg honno, felly dyma Andrew yn gofyn iddo ddod i lawr i chwarae i ni. Pan ddaethom i mewn i'r gwesty, roedd Bill wedi cyrraedd ac yn aros amdanon ni yn y bar.

I fyny â ni i Tonmawr y bore wedyn. Edrych o'n cwmpas a methu gweld cae yn unlla. Uffarn o ddyffryn cul. Ond ddaru ni ffeindio'r cae rygbi o'r diwedd ac mi o'dd o'n un reit dda a deud y gwir. Dyma ni'n ennill y gêm 13-11. Bill Huaki yn cael y bêl yn y munud cyntaf ac i fyny'r cae â fo. Aeth pawb ar ei ôl – o'dd o wedi ysbrydoli'r tîm a phawb wedi codi'i gêm tua deg gwaith. Dwi'n meddwl i ni chwarae Bae Colwyn yn y rownd nesa a'u curo.

Wedyn y *quarter final* yn erbyn Fleur de Lys. Colli wnaethon ni, gyda chic Fleur de Lys yn taro'r postyn a mynd drosodd tra aeth cic Rhys Owen yn erbyn y postyn a dod allan yn lle mynd drosodd. Dyna faint mor agos oedden ni o fod yn rownd gynderfynol cwpan SWALEC.

Dyma gychwyn am adra ar ôl y gêm a stopio yn Llanfair ym Muallt. I mewn â ni i'r dafarn gyntaf. Wel am le. Fu bron i ni gachu yn ein trowsusa wedi mynd drwy'r drws. O'dd 'na griw o hogia yno efo creithiau a golwg y diawl ar eu gwynebau.

'Arglwydd, 'dan ni yn y lle rong,' medda fi wrth i'r criw yma edrych arna ni. 'Dan ni'n mynd o'ma rŵan.'

O'dd yna blismon y tu allan. 'Mae na griw o rai gwirion yn fanna, fuo jest i'r lle eryptio,' meddwn. Dyma fo yn dweud wrthan ni am fynd i dafarn Jeremy Pugh (cyn-brop Castell-nedd a Chymru) yn y brif stryd. Gawson ni groeso iawn yn fanno. O'dd y rhai o'r pyb arall yn dal i chwilio amdanon ni a dod i mewn i dafarn Jeremy Pugh i weld os oeddan ni yno.

Mi ddo'th na blismyn at y dafarn tua unarddeg a mynd â ni i lawr at y bỳs. Dyma gychwyn am adra ond torri i lawr wrth ymyl Church Stretton – dim disel. O'dd y gyrrwr wedi meddwl y byddai'n medru dod i lawr a mynd yn ôl i fyny ar lond tanc ac wedi pocedu pres y disel. Erbyn cyrraedd Pesda o'dd yr haul yn codi.

DP: Be ddigwyddodd i Bill wedyn?

ED: Aeth Bill yn ôl i Lundain wedyn ac ar ôl ychydig o fisoedd, mi ddoth o yma i ymuno efo ni. Mae o wedi priodi merch leol erbyn hyn, un o ardal Harlech. O'dd o'n uffarn o chwaraewr da. Pan ddaru ni chwarae Caerdydd adra yng nghwpan SWALEC yn 2008, o'dd o'n ddiwrnod mawr i'r ardal. Mi wnaeth Bill Haka Cymraeg cyn y gêm. O'dd rhaid iddo fo ofyn caniatâd gan ei dad i'w gwneud hi am fod yr Haka yn sanctaidd i'r Maori. Colli 55-17 wnaethon ni. Dyma eiriau Haka Cymraeg Bill Huaki (mae i'w weld yn ei pherfformio ar YouTube – BETHESDA CAERDYDD):

Pwy di hwnna?
Pwy...di...hwnna?
Croeso Caerdydd
Croeso i Ddoldafydd (plygu a chodi gwair)
Deffrwch Llywelyn, deffrwch Dafydd
(wedyn)
Efo sgwydda, efo breichia.
(cerdded tuag at dîm Caerdydd)
Efo breichia, efo calon fawr
Efo sgwydda, efo breichia, efo calon, efo calon, efo calon
Hogia ni, Pesda! (tynnu ac ysgwyd ei dafod yn y dull traddodiadol).

Dwi'n cofio cael fy hel i ffwrdd gan Alan Davies mewn gêm yn erbyn Bro Ffestiniog, a hynny am faglu.

DP: Ar ôl honno o'dd y ffeit yn Ty'n y Coed, Capel Curig?

ED: Ia, ar ôl chwarae Bro Ffestiniog. Aeth hi'n uffarn o ffeit yno efo cleimars. Oeddan ni wedi trefnu i'r gwragedd ddod i Ty'n y Coed i'n cyfarfod ni am noson allan. Gawson ni noson reit ddifyr ond mi es i adra'n fuan. Uffarn o ffeit yn dechrau, o'dd hi fatha set mewn ffilm cowbois erstalwm, rhai'n cael eu hitio yn eu pennau efo cadeiriau.

O'dd dyn y pyb yn Pesda y dydd Llun neu ddydd Mawrth wedyn ac mi ddywedodd wrth rywun fod hogia'r clwb rygbi wedi bod yn cwffio yn ei dafarn. 'Do you know,' medda fo, 'it's the best fight I've seen in my life!'

DP: O'dd Richard Ogwen yn y ffeit yna yn Ty'n y Coed. O'dd y cleimar yma wedi gafael amdano rownd ei wddw. 'It's time to pack it in,' medda Richard Ogwen. 'Stop it now.'

'You tell your boys to fuck off,' medda'r boi, 'and we'll call it a truce.'

'O yes, I'll do that,' medda Richard Ogwen. Dyma'r boi yn gollwng ei fraich, a fel oedd o'n gollwng, dyma fo'n 'i chael hi yng nghanol ei wyneb gan Richard Ogwen.

DP: Cofio hanes gêm yn Llandrindod, gêm gwpan. Huw Waen o'dd y captcn. Colli 9-8 wnaeth Pesda. O'dd y bỳs yn mynd o'r cae i ryw westy. Huw Waen yn sefyll fel capten yn mlaen y bỳs ac yn dweud, 'Dwi ddim isio lol yn fama heno. Byhafiwch eich hunain a gawn ni noson dda.'

O'dd drws y bỳs yn agored a dyma un o hogia Llandrindod yn rhoi ei droed ar stepan y bỳs a gofyn oedd yna siawns am lifft. Bang. Huw Waen wedi rhoi uffarn o glec iddo fo nes iddo fynd ar ei hyd allan o'r bỳs!

ED: Oeddan ni wedi bod i lawr yn chwarae yng Nghwpan y Bragwyr. Ar y ffordd adref, wedi stopio yn Aberaeron ar y dydd Sul roedd Huw Waen isio stopio'r bỳs er mwyn mynd i'r toilet. O'dd Joe Twigge yn eistedd yn y set flaen, yn cysgu gyda'i geg yn agored. Dyma Huw Waen yn ôl ar y bỳs a dweud, 'Ew, am gachiad da, ond aeth 'y 'mys i drwy'r papur.' Dyma fo'n sticio'r bys i lawr gwddw Joe Twigge. Fuodd hwnnw'n poeri i fyny ac i lawr y bỳs yr holl ffordd adra.

DP: Gawsoch chi'ch banio o bob tafarn yn Sir Fôn, do?

ED: Do, ond dwi ddim yn cofio pam, chwaith.

DP: Rhywbeth ddigwyddodd yn yr Antelope?

ED: Tad Matthew Maynard (y cricedwr) aru'n banio ni. O'dd o'n cadw y Liverpool Arms yn Borth.

ED: Aru ni guro Cynghrair Gogledd Cymru yn 1999 ac roedd y noson gyflwyno yng Nghaerdydd felly gawson ni fŷs i lawr ar y nos Wener. Ar y bwrdd nesa i ni oedd criw Llanelli am eu bod nhw wedi ennill y Gynghrair. Oeddan ni'n aros yn y Riverside. Oedd yna *raffle tickets* i gael cwrw am ddim – un tocyn am bob peint – ac mi oedd hogia Llanelli wedi'u pasio nhw o'u bwrdd nhw i ni gael mwy.

Ar ôl y noson, ffwrdd â ni i ryw dafarn, The Cross. O'dd y bownsars yn dweud, 'Can't go in, lads', a ninnau'n mynnu. Ond *gay pub* oedd o! Felly, yn ôl â ni i'r gwesty a dal i yfed tan tua pedwar y bore. A'th y rhan fwyaf ohonon ni i'r gwely ond daeth y stori fawr y bore wedyn. Am tua pump o'r gloch, roedd chwech o'r hogia wedi mynd i Stadiwm y Mileniwm oedd ar hanner ei chodi ac wedi mynd i mewn drwy'r *barriers* o'i chwmpas. Buont wrthi yn chwarae tri bob ochor ar y concrit (doedd y gwair heb ei osod) gan ddefnyddio hen dun Coke fel pêl. Mi oedd golwg y diawl ar yr hogia amser brecwast. Ers hynny, 'dan ni'n dal i hawlio mai Bethesda oedd y tîm cyntaf i chwarae a'r tîm cyntaf i sgorio cais yn y Stadiwm newydd – a hynny bythefnos cyn i Gymru chwarae De Affrica!

Ar ddiwedd y tymor hwnnw, gofynnwyd i Graham Henry, hyfforddwr tîm Cymru ar y pryd, ddod yn ŵr gwadd i ginio Clwb Bethesda. Roedd Glanmor Griffiths, llywydd Undeb Rygbi Cymru, i ddod hefyd. Cawsom ar ddallt gan Austin Thomas, trefnydd rygbi'r gogledd, fod Graham Henry yn hoff o sgota felly dyma drefnu efo John Owen, oedd yn ddyfarnwr ac yn *piermaster* ym Mhorthaethwy, i drefnu i Graham Henry gael mynd i sgota fel abwyd i'w ddenu i Fethesda. Roedd o'n gallu dod i noson y clwb am ei fod ym Mhlas Menai gyda thîm Cymru mewn sesiwn ymarfer. Fi oedd MC y noson a Dilwyn 'Porc' Morgan o'r Bala yn *gomedian*. Dyma fi'n adrodd hanes y 'gêm gyntaf' yn y stadiwm newydd ac mi sylwais fod gwyneb Glanmor Griffiths wedi troi'n biws oherwydd y *security scare* a fuodd yn y stadiwm.

DP: Cofio'r gêm gyntaf un i'r ail dîm yn erbyn Delyn. Roedd y ddau dîm yn chwarae yno y prynhawn hwnnw. Roeddan ni'n brin o chwaraewyr ac felly bu'n rhaid mynd rownd tafarnau Bethesda i chwilio am dîm. Erbyn i ni ddechra'r gêm roedd goleuadau'r stryd ymlaen! Colli o 118 i ddim fu'r hanes ac erbyn yr ail hanner doeddan ni ddim yn symud o'r llinell hanner achos bob tro yr oeddan ni'n cicio i ffwrdd ar ôl cais roedd y tîm cartra yn rhedeg yn ôl yn syth a sgorio cais. Merfyn Davies oedd y dyfarnwr yn y gêm honno, ac mewn gêm wythnos yn ddiweddarach ym Mhorthaethwy. Cyn yr ail gêm honno, dyma fo'n deud, 'Os faswn i'n gwbod mai chi oedd yn chwara mi faswn wedi dod â *calculator*!'

Doedd hi ddim cweit mor ddrwg – dim ond 54-0 ddaru ni golli!

ED: Ar y ffordd yn ôl wedi'r ddwy gêm, ddaru ni stopio yn y Plough, Llanelwy. Wedi dipyn o amser (a chwrw) yn y bar, dyma'r *rolls* a'r *vol au vents* a bwydydd eraill yn dechrau ymddangos ar y byrddau yn y bar. Erbyn dallt, roedd *buffet* wedi ei baratoi yn y llofft ar gyfer rhyw barti priodas neu rywbeth a rhai o'r hogia wedi bod i fyny ac wedi dwyn y *buffet*. Er 'mod i wedi bwyta lot o'r *rolls*, roeddwn i'n flin iawn, yn enwedig am fod yr hogia wedi cael eu dal yn eu dwyn. Diwedd y stori oedd fod yn rhaid i dri o swyddogion y clwb fynd i'r Plough i ymddiheuro ac i dalu am y bwyd.

Arwyddion o Lydaw, rhedeg yn noeth a thri pheint o feild

Geraint Williams (Jeri), John Griffith (Milgi), Wil Owen (Wil Bing), Nic Reed, John Brynmor Hughes (John Pent), Tom Roberts (Tom Bach), Wil Parry (Wil Bodnithoedd) yn hel atgofion am glwb Pwllheli gyda Michael Straen ac eraill ym mragdy Cwrw Llŷn.

(Milgi – JG, Jeri – GW, John Pent – JP, Tom Bach – TB a Wil Bodnithoedd – WB oedd yn dweud y straeon)

GW: Mi ddaru ni ddechrau ym 1972 gan chwarae ar gae'r ysgol ac ymarfer ar y cae wrth ochr Ffordd y Cob ym Mhwllheli. Mi fasai'n anodd gwneud hynny rŵan achos mae'r cae dan ddŵr o hyd.

JP: I'r Whitehall oeddan ni yn mynd ar ôl y gêm, ac wedyn i Cadwalader Jones, cyn symud i Bodegroes (y safle presennol) yn yr ail dymor.

GW: Clwb nos yn y West End, Pwllheli oedd Cadwalader Jones. O'dd o ddim yn lle parchus iawn. Wil (Bing) a fi oedd yn gyfrifol am y bwyd – lobsgóws. Rhoi bwyd i'r tîm arall, oeddan ni ddim yn cymryd bwyd. Wil yn rhoi'r llwy fawr i fewn yn y lobsgóws a be' ddoth allan ond cadach llestri. Mi guddion ni'r cadach a deud dim..

Dwi'n cofio un o gemau'r tymor cyntaf. Mi gollon ni 96-0 a dwi'n siŵr fod y reff wedi bod yn ffeind efo ni. Cael ein hyfforddi'r noson wedyn a Bob Thomas oedd yn hyfforddi. 'We start from the begining – this is a ball!'

JP: Oeddat ti'n sôn am Bob Thomas; ti'n cofio Pete

Cyn-chwaraewyr Pwllheli. O'r chwith: Wil Bing, Nic Reed, John Pent,
Tom Bach, Wil Bodnithoedd, Jeri a Milgi

Yn y cae, neu'r gors yma y bu Pwllheli'n ymarfer ar y dechrau.
Nid oedd dan ddŵr bryd hynny!

Morgan yn *scrum half*? O'dd hi'n ddiwrnod reit braf at ddiwadd y tymor a dyma fo'n rhoi cic ar draws cae mewn symudiad wedi ei baratoi. Oeddan ni wedi penderfynu galw'r symudiad yn '*Dull Cunt*' gan mai cic ar draws cae i Bob Thomas oedd hi, a hwnnw ddim yn boblogaidd iawn ar y pryd. O'r llinell, ennill y bêl a galw '*Dull Cunt*' a chic i'r bêl ar draws cae a Bob Thomas yn dal y gic a sgorio cais. Doedd yna neb o'r cefnogwyr yn coelio fod y symudiad wedi ei gynllunio.

TB: Dwi'n cofio gêm yn Gaernarfon ac mi ga'th Arthur ei yrru i ffwrdd o'r cae cyn diwedd y gêm ac mi ga'th o'r ffasiwn fyll nes y ciciodd dwll yn nrws y stafell newid. Dyma'r clwb yn cael llythyr cas gin Caernarfon yn deud am bod ni 'di malu'r drws bod yn rhaid talu £25 i'w drwsio. Mi dalodd Arthur, chwara teg iddo fo. Pan oeddan ni'n chwarae yno y flwyddyn wedyn, o'dd y drws wedi cael ei droi â'i ben i lawr a *patch* ar y twll!

GW: O'dd gennon ni alwad llinell F, M a B: y bêl yn cael ei thaflu i'r blaen, y canol neu'r cefn yn ôl y gair oedd yn cychwyn a'r llythrennau yma – F (front), M (middle) a B (back). Dyma'r alwad 'M' yn dod a neb yn gwybod lle oedd y bêl yn mynd.

Dyma un o'r tîm arall yn gweiddi: 'Tafla hi i'r canol, y cont gwirion!'

JG: Leinowt yn erbyn tîm arall o'r gogledd 'ma a'r tîm cartra' yn taflu'r bêl i mewn. Yr alwad oedd: 'Pwy bynnag sy 'di bod ar gefn Gwen Tŷ Pen!' Y bêl yn cael ei thaflu a dyma bob un yn neidio!

[*Diddorol iawn yw'r stori hon. Pan ystyriwch ei fod tua'r un adeg ac yn erbyn yr un tîm â'r alwad 'tad Bethan' yn erbyn Nant Conwy, efallai fod yma ymgais i ganfod pwy oedd tad y plentyn drwy weld pwy fu gyda'r fam!*]

WB: Arthur, yn yr ail reng, yn taflu dwrn drwy'r rheng

flaen at brop y tîm arall, Bala. Mi fethodd y prop, a hitio Stephen Tudor, ein bachwr ni, nes bod hwnnw allan – *out cold*!

JP: Mynd i lawr i Penlan, ger Abertawe i chwarae gêm gwpan. Cyrraedd y lle newid a mynd allan ar y cae. O'dd hi wedi bwrw glaw yn ddychrynllyd, a dim mwd oedd ar y cae ond glo, neu fwd du. Gafon ni gêm dda ond yn y diwedd, colli o chydig. Dyma fynd i newid a mynd yn ôl i'r bỳs ac i rhyw dafarn. Yno, mi gafon ni ddiod a bwyd ac wedyn dyma tîm Penlan yn diflannu a ninnau'n dal ar ôl yn y dafarn. Y tafarnwr yn gofyn pryd oedd y bỳs yn mynd â ni adra. Ninnau'n gofyn pa bryd mae'r dafarn yn cau? Aeth y tafarnwr ar y ffôn at y tîm arall, 'These boys are here to the end.'

Daethant yn ôl a chafwyd noson fawr, gemau yfed fel y *Boat Race* a'r Swmba a phetha'n dechra mynd yn flêr. Dwi'n cofio mynd i'r toilet a dyma rhyw hen fachgan yn deud, 'Boys, you must have had a good win today.'

'Win? No, we lost.'

'Well, I'd hate to see you when you win!'

Erbyn i mi ddod allan o'r toilet, nid mewn gwydrau o'dd y cwrw'n dŵad ond mewn bwciad fel bwciad godro, ac felly o'dd o'n mynd o gwmpas y dafarn. Mi roddodd y tafarnwr ges o gwrw i fynd efo ni ar ddiwadd y nos.

WB: Terry Bach yn chwarae *fly half* ac yn galw symudiad yn y cefn. '*Miss one, three two switch to the left*'. Mi a'th pawb y ffordd anghywir!

TB: Cofio hyfforddi Terry Bach a dweud wrtho fo fod yn rhaid iddo wneud yn siŵr ei fod o'n croesi'r *gain line*. Dyma fo'n troi ac yn gofyn, 'Pa un ydi honno?'

GW: O'dd capten yr ail dîm yn yr ail neu drydydd tymor ddim cweit yn siŵr o'r rheolau. Cyn gêm yn erbyn Bae Colwyn, o'dd gynno fo 16 i ddewis ohonyn nhw i'r tîm ond o'dd o'n ormod o ŵr bonheddig i fod isio gadael neb allan! Aeth yna un o Bwllheli i ffwrdd wedi brifo a dyma'u capten nhw yn dechrau cyfri ac yn deud wrth y reff, 'They've still got fifteen. Has one gone off?'

'Yes,' medda'r reff. O'dd y capten wedi rhoi 16 ar y cae am nad oedd o isio pechu yn erbyn neb!

JP: O'dd o byth yn dod oddi ar y cae heb fod 'na waed arno fo.

GW: Roedd trefniada'n reit flêr ar y cychwyn. Oeddan ni yn Trallwng unwaith. Dau fŷs, dau dîm a chefnogwyr. Cyrraedd Trallwng ac oedd dau dîm Trallwng newydd ddechra gemau yn erbyn dau dîm Croesoswallt a ni wedi teithio i lawr yno!

TB: Dwi'n cofio Alan Gwallt yn mynd â thrydydd tîm i Nant Conwy rywdro ac yn pasio nhw yn Beddgelert! Oeddan nhw'n dod am Bwllheli!

JP: Y sbort gawson ni. I feddwl fod un tîm yn chwarae i ffwrdd yn gallu llenwi dau fŷs. Stopio yn bob man ar y ffordd adra. Cofio stopio yn y Glaslyn – mae hi wedi cau erbyn rŵan – ac andros o ganu da yno. Gorffen efo 'Hen Wlad fy Nhadau' a rhyw griw o Saeson yno isio 'God Save the Queen'. Yr organydd yn dweud, 'I'm sorry, I'm not allowed to play that in Wales.' A'th petha'n flêr rhwng y Cymry a'r Saeson – a hogia Pwllheli yn 'i chanol hi. O'dd na uffarn o le yno ond gawson ni bawb i'r bŷs yn y diwedd a'r Saeson yn gorfod mynd o'no a'u cynffonnau rhwng 'u coesa.

GW: Yn y dyddia cynnar oeddan ni'n talu *match fees*. Os o'dd unrhyw un yn gallu cael *match fees* allan o un cymeriad, o'dd o'n cael peint.

TB: Dwi'n cofio Terry Bach yn dod i'r bŷs ar gyfer gêm yn Wrecsam. Ei dro fo oedd golchi crysa ar ôl y gêm gynt. 'Ma'r crysa'n dal yn wlyb,' medda fo.

'Dim bwys, tyrd â nhw.' Cyrraedd Wrecsam a ffeindio mai dim ond pedwar crys oedd yn y bag. Dim ond pedwar crys oedd wedi sychu a doedd mam Terry Bach heb roi y lleill i mewn – o'dd hi ddim isio neb gael *chill*. Oeddan ni'n gorfod chwarae mewn crysa T a phetha eraill.

GW: Dro arall, mi ddoth Terry Bach â'r crysa i mewn i'r bỳs a nhw'n wlyb. Ar y ffordd i'r gêm, oeddan nhw'n sychu ar gefn seti. O'dd y dreifar wedi troi'r gwres ymlaen ac o'dd yna andros o ogla, o'dd y bỳs yn drewi.

JP: O'dd 'na Sais yn chwarae i ni, dwi'm yn cofio'i enw fo, chwarae ail reng tua 1976 ffor'na. O'dd Colin Parry yn blismon yn Pwllheli ac wedi bod yn chwarae yn yr un tîm â'r Sais yn y pnawn. A'th y Sais i ryw barti ar y prom yn Pwllheli yn y nos. Wrth gerddad am adra, roedd y Sais wedi stopio i gael pisiad ar y prom. Peth nesa', o'dd 'na law ar ei ysgwydd o – Colin Parry yn ei fwcio fo am biso – ac yntau wedi bod yn chwarae rygbi efo fo yn y pnawn!

JG: Oeddan ni'n cael mini bỳs Ifan Loj Trallwyn i fynd â'r ail dîm i chwarae i ffwrdd. Doedd dim llawer o ail dimau yn y gogledd yr adeg hynny felly oeddan ni'n gorfod teithio. Doedd minibysus Ifan Loj ddim, be ddudwn ni, y calibr fasa ti'n ddisgwl; go lew oeddan nhw. Oeddan ni'n mynd am Gaernarfon un Sadwrn ac yn mynd i fyny allt. Dyma fi at Ifan Loj: 'Mae 'na rhywun y tu ôl i ti isio pasio.'

'Pwy sy' na? ' medda Loj.

'Malwan,' medda fi.

Dro arall, cofio mynd efo Ifan Loj yn un o'r bysus y tro yma. Oeddan ni'n ddigon lwcus i gael gêm yn erbyn y London Welsh Veterans pan oeddan nhw ar daith ac yn aros yma yn Pwllheli. Ddaru ni chwarae'r gêm a dod yn ôl i Bwllheli. Dyma benderfynu mynd â nhw i dafarn Tŷ Coch, Porthdinllaen. Mynd trwy Nefyn a chodi rhai ar y ffordd. Mi ddoth hi'n amser talu am y bỳs a dyma ofyn i

Loj faint o'dd o. £25, medda fo. A dyma hogia'r London Welsh yn deud, 'No, we don't want to buy the bus!'

JP: Y flwyddyn wedyn, mi gawson ni wadd i'w clwb yn Richmond, i'r *members lounge* yn fanno. Wna'i byth anghofio. Pawb efo jympars newydd clwb Pwllheli ac mi o'dd yna ferched crand a *posh* yno.

'Can we have a look at the badge?' medda un. 'Come here, ladies,' meddai, 'and have a look. This is the Pull willy club!'

O'dd y *buffet* yn anhygoel, o'dd 'na bob math o fwydydd crand, o'dd o fel y Savoy.

JG: 'Twat of the Match' oedd hi yn y cyfnod cynnar nid 'Man of the Match'. Oeddat ti'n gorfod yfed rhywbeth reit hegar. Oeddan ni'n chwarae yn Llangollen ac yn newid yn yr orsaf dân. Wedyn, mynd i'r dafarn. O'dd Stephen Tudor yn ei anterth yr adeg hynny ac o'dd o'n gwisgo cap stabal, crafat ac yn smocio piball a ninnau 'rioed 'di'u gweld nhw o'r blaen ganddo fo. O'n i'n gyfrifol am yr ail dîm a dyma hel pres i wneud 'Twat of the Match'. Pawb yn rhoi rhyw 20 neu 30 ceiniog i mewn yn y pot peint. Dyma recriwtio Stephen i roi help i fi i hel pres ac o'dd o wrth ei fodd yn gwneud hynny. Dyma fi'n dweud wrtho am ddewis diod o'dd o ddim yn lecio a'i ddewis oedd fodca a tomato.

Ffwrdd â fo at y bar efo'r pres i nôl y ddiod. Dyma fi'n codi ar fy nhraed.

'Reit, 'dan ni am ddewis 'Twat of the Match' a dewis un o rhein – yn gyntaf, hwn-a-hwn am 'forward pass'. Sawl fôt? Dim. Diolch yn fawr. Y nesa, am alw am y bêl a'i methu. Dim fôt. Diolch yn fawr. Y trydydd – a hwn wedi ei anfarwoli – a ddim ar y cae ond oddi ar y cae. Dros nos, mae o wedi cael cap, crafat a piball.' Erbyn hynny, o'dd Stephen wedi mynd i lawr oddi ar y sêt ac yn trio mynd o dan y bwrdd i rwla. 'Dach chi am fotio rŵan,' ac aeth pob llaw i fyny, a Stephen yn gorfod yfed *treble vodka* efo tomato a fo ei hun wedi dewis y ddiod a'i nôl o'r bar!

WB: Cofio tîm o Ariannin wedi dod ar daith, a hynny'n fuan ar ôl rhyfel y Falklands. Ac fel o'dd hi'r adeg hynny, bob tro fydda 'na *touring sides* yn dod i Bwllheli, mi fydda'r merched i gyd yn troi allan, fel petai yna waed newydd neu rhywbeth – genod 'cyfeillgar' iawn, ddudwn ni!

Dyma un o genod Pen Llŷn yn mynd at Meic, un o chwaraewyr Pwllheli, a gofyn: 'Dw iw spic Inglish?'

A dyma Meic yn edrach arni. 'A leeetle bit!'

JP: Mi gafodd un o'r hogia ei ffeinio ar ôl gwneud rhywbeth gwirion. Mae hanes yr achos yn y darn papur newydd yma:

Streaker waved his coat like a matador

ST ASAPH'S first streaker stood in the centre of a dual carriageway waving his coat like a matador at passing traffic—until a police car went by, Rhuddlan magistrates heard yesterday.

████████, a 21-year-old clerk of Bala Road, Pwllheli, was fined £10 after pleading guilty by letter to using insulting behaviour.

Inspector R. J. Griffiths, prosecuting, said that at 10.45 p.m. on April 27 Superintendent Alan Moss and Chief Inspector C. C. Thomas were travelling towards Rhuddlan and driving past the Talardy Hotel on the dual carriageway.

They saw a naked man standing in the middle of the road waving his coat at traffic "in the manner of a matador" said the Inspector.

A large number of people were leaving the hotel at the time and one car narrowly missed him.

He was chased by the officers on to a crowded coach in the car park and they found him sitting in the front seat—next to a young woman.

He was holding his coat in front of him. When told he was being arrested ████ said: "You can't do that—I live 50 miles away."

He explained in a letter that he was thoroughly ashamed of himself and promised there would be no repetition of his behaviour.

Oeddan ni wedi bod yn Rhyl yn chwarae mewn cystadleuaeth saith bob ochor ac wedi cael peint neu ddau. Stopio yn yr *hotel* 'ma am gwrw a 'na'th 'na neb sylwi fod y bachgen yma wedi mynd, wedi gadal ei ddillad yn daclus ar y bỳs a dim ond cot law ganddo.

Oeddan ni yn ôl ar y bỳs a dyma'r hogyn yn rhedeg i mewn ac yn rhoi'r got law drosto. O'dd 'na blismyn ar ei ôl o, ond nid jest plismyn cyffredin oeddan nhw ond *Superintendent* a *Chief Inspector*. O'dd o ddim yn ei gymeriad o i wneud rhywbeth fel'na – yr un dweutha 'sa ti'n feddwl. Ddaru o ddim chwarae i ni wedyn.

JG: Oeddan ni'n chwarae yn erbyn Barrow – oedd yna gysylltiad rhwng Pwllheli a fanno am fod llawer o'r dre 'ma wedi bod yn gweithio yno dros y blynyddoedd. Ar ôl y gêm, dyma fynd o gwmpas Pwllheli. O'dd tri ohonyn nhw yn yfed meild ac isio gwybod sut i ofyn am rownd yn Gymraeg.

Dyma un o'r hogia yn eu dysgu i ddweud: 'Tri cotsan flewog.'

Ymlaen â nhw i'r Castle, ond oedd un o hogia Pwllheli wedi mynd o'u blaen i egluro'r tric i Bryn, y tafarnwr. Dyma'r tri yn cerdded i mewn a gofyn am 'tri cotsan flewog'. Gyda'r yfwyr eraill yn chwerthin wrth glywed hyn, wnaeth y tafarnwr ddim cynhyrfu, dim ond tynnu tri pheint o feild iddyn nhw.

Ar ôl gorffen, dyma'r tri yn mynd i'r Whitehall a gofyn yr un peth i'r ddynes y tu ôl i'r bar. 'Out!' medda honno'n flin, ac allan y bu'n rhaid iddyn nhw fynd!

JG: Yr ail dîm yn chwarae yn Dolgellau. Glyn Gas yn chwarae, yr hen greadur, dydi o ddim efo ni mwyach. Rhywle tua diwedd y gêm o'dd Pwllheli ar y blaen o ryw ddau bwynt. Jo Llwyn oedd y reff; nid y mwyaf teg yng ngogledd Cymru! Ar ddiwedd y gêm, roedd Dolgellau'n pwyso ar ein llinell gais ni. Y peth nesa glywais i oedd Gas yn gweiddi, 'Ma'i gin i, ma'i gin i, jest daliwch fi'. Dolgellau'n gwthio, a dyna ni dros y llinell gais a pawb yn disgyn ar lawr. Pawb o dîm Dolgellau yn gweithi 'trei' a be' wnaeth Jo Llwyn? Rhoi trei i Ddolgellau i fynd ar y blaen.

Ar ôl chydig bach, pawb yn codi a Gas yn codi efo'r bêl o dan ei fraich ac yn rhedeg i lawr y cae. 'Hei, washi,' medda Jo Llwyn, 'Dan ni isio'r bêl 'na i gymryd y *conversion*'.

'Ylwch wan, 'da chi di sgorio'r trei heb y bêl, dim ffwc o berig bod chi'n 'i chael hi ar gyfer y *conversion*!'

JP: Dwi'n cofio y trip cyntaf i Paris, pan oedd y gemau rhyngwladol yn cael eu chwarae yn y Parc de Princes. Oeddan ni'n fflio o Lerpwl ac mi oeddwn i'n rhannu llofft efo Wil Martin. 'Mi wna' i gysgu yn erbyn y wal,' meddwn wrth Wil. 'Mi fyddi di'n hwyrach na fi.'

Es i 'ngwcly a wnes i glywed dim byd tan y daeth curo ar y drws. Oedd yna rywun yn cysgu wrth fy ochor. Oedd hi'n chwech yn y bore a dyma fi'n codi i agor y drws. Pwy oedd yno ond Wil Martin! 'Pwy ffwc ydi hwn sy yn y gwely efo fi, 'ta?'

Es at y gwely a throi'r dillad yn ôl. Pwy oedd yno'n cysgu'n braf ond John Glo, un o'r hogia oedd i fod i aros mewn *hotel* wahanol ond wedi penderfynu aros yn y llofft!

Dro arall, a ninnau ar daith i Dde Affrica, oeddan ni'n aros mewn *hotel* ar lan y môr a drysau'n agor yn syth i'r traeth. Mi oedd hi'n dywydd mawr – yn andros o storm, a deud y gwir. Dyma fynd i mewn i lofft Wil Martin a thynnu'r drws a wynebai'r môr oddi ar ei hinjis. Wel, yn ystod y nos mi waethygodd y storm gyda'r tonnau'n dod i mewn i lofft Wil. Daeth y ddynes o'r *reception* yno mewn panic wrth weld beth oedd yn digwydd. Gofynnodd os oedd y drws wedi chwythu oddi ar ei hinjis. Wrth gwrs, doedd neb yn dweud dim!

WB: Be' di'r stori 'na am Llydaw? *Police escort* allan o rhyw dre neu rwbath? Be oedd honno?

JG: Aethon ni i Lydaw, i Rennes. Diwadd nos o'dd Terry efo fi, a dau arall. Yn ein mysg roedd capten, is-gapten a trysorydd. Cofio lle oeddan ni'n aros, mewn gwesty wrth ymyl *bibliotheque* (llyfrgell) yn Rennes. Mynd at ddyn tacsi a gofyn iddo fynd â ni i'r gwesty a dweud '*bibliotheque*'. Dyma fo'n mynd â ni a stopio y tu allan i *bibliotheque*. O'n i'n cofio'r lle oeddan ni'n aros am fod yna dŵr mawr y tu allan. Ond oedd 'na ddim math o dŵr yn fama. Erbyn dallt, oedd 'na saith *bibliotheque* yn Rennes a'r dyn tacsi wedi mynd â ni at yr un agosa.

Be wnaethon ni wedyn oedd dwyn seins stryd – maen nhw yn yr ystafell newid ym Mhwllheli rŵan!. Dau sein, Rue de Roosevelt a Rue rwbath arall.

WB: Maen nhw i fyny ar wal y 'stafell newid 'tydan?

JG: Ydan. Dyma godi un o'r lleill ar fy sgwydda a tynnu'r seins. Y peth nesa glywis i oedd 'ni-no, ni-no, ni-no' yn dŵad. O'dd Pete Orsadd Bach yn ddigon call i weld fod y gola' traffig wedi troi'n goch a fan wedi stopio. Dyma fo'n agor y drws cefn, neidio i mewn a deud 'drive, drive, drive!' wrth y gyrrwr – oedd wedi dychryn braidd.

Y munud nesa, y car ma'n dŵad, plismyn allan o bob man a gwn gan bob un. Yng nghanol Rennes, i mewn â ni ac i'r jêl am noson gyfa. Bore wedyn, o flaen y *judge* a chael 25 ffranc (cyn cyfnod yr Ewro) o ffein – tua dwy bunt yr un – a dyma un o'r plismyn yn deud, 'You were so desperate to have the two signs, have them to go home!'

A dyna sut mae'r ddau yn y lle maen nhw heddiw.

Cofio dod allan y bore wedyn. Oedd 'na ddim *mobile phones* adag hynny. Dyma fi'n ffonio adra i'r musus. Y broblem ydi fod 'na lot o siarad cynt, 'does? Pan wnes i ffonio adra, dyma'r musus yn gofyn, 'A lle ti 'di bod neithiwr?'

O'dd isio rhoi pres yn y ffôn, a dyma fi'n deud, 'Do, dwi di bod yn y jêl dros nos ond mae pob dim yn iawn, paid â poeni ...' a dyma'r 'bibibibi' yn mynd a, thrwy lwc, dyna ddiwedd y sgwrs.

GW: Oeddan ni'n chwarae yno gyda'r nos, oeddat ti'n gweld y cae wedi goleuo. Bỳs Clynnog a Trefor oedd gynnon ni, a hwnnw'n mynd o gwmpas y cae am tua hanner awr yn methu ffendio ffordd i mewn!

JG: Fuon ni yn Llydaw ddwy waith. Gawson ni wadd yn ôl – dwi ddim yn gwybod pam, chwaith. Ac mi fuon nhw acw.

Myrddin – Tri llond bỳs yn mynd i Ddulyn. Oeddan nhw 'di rhoi y *sat nav* yn y drydydd bỳs felly oedd pawb yn dilyn 'i gilydd am tua dwy awr o gwmpas Dulyn.

GW: Mi fuon ni ar deithiau eraill hefyd. Cofio dod o'r Alban un tro a stopio yn Connah's Quay ac mi fuo yno ryw fisdimanars. Pan ddaru ni gyrraedd Pwllheli, o'dd plismyn yn ein disgwyl wrth y Black Lion ac yn mynd â ni i gyd i mewn i swyddfa'r heddlu.

Ddaru ni gynnal *mock trial* – rhyw ffug-gwrt – wrth gael ein cadw yn fanno. Swyddog cynllunio 'parchus' oedd yn chwarae rhan barnwr! Mi ddoth y *Chief Inspector* i mewn a deud wrth y plismyn, 'Get rid of them.'

JP: Allan â ni. O'dd y ceir wedi eu parcio yn y Maes (cyn dyddiau gorfod talu) achos o fanno oedd y bỳs wedi cychwyn. Cofiwch, o'dd pawb wedi cael llond cratsh. Be wnaeth pawb ond mynd i'w ceir a dreifio adra tra roedd y plismyn yn cael llond ceg gan y *Chief Inspector*!

GW: Fuodd 'na dripiau i Iwerddon dipyn o weithiau ac i Toronto, New York a Washington.

JP: Gen i stori am y criw iau yn mynd i New York. Oeddan nhw'n rhy ifanc i gael diod, doeddan. Wedi chwarae mewn rhyw dre y tu allan i New York oeddan nhw yn mynd i ganolfan, lle teuluol gyda phlant ac oedolion hefyd. Cael barbeciw a bwyd arall yn y ganolfan 'ma. Oedd 'na gwrw, y *cooler* o dan y bwrdd a tap yn fanno. Doedd gennyn nhw ddim cliw sut i weithio'r peth. Y cwbwl oeddan nhw'n gallu cael allan oedd ffroth. Oedd na un hogyn ifanc o'n criw ni wedi bod yn gweithio yn nhafarnau Abersoch ac yn gwybod yn union be oedd yn bod, ond o'dd o'n rhy ifanc i gael diod o dan reolau America!

'Gadwch o i mi, mi sortia i hwn allan. Rhaid i chi aros dipyn bach i'r *cooler* gael gweithio.' Aros hanner awr a'r cwrw yn dod allan yn iawn wedyn. Ond oedd o'n amod gan y bachgen fod pawb yn cael diod am iddo wneud hyn, ac mi gafodd yr hogia ddiod.

WB: Cofio trip i Galifffornia ac o'dd 'na griw ifanc adag hynny, 'doedd, i gyd dan 21 (yr oed cyfreithiol i yfed yn America). Ac oeddan nhw wedi paratoi – wedi dod â cardia ID ffug, cardia wedi eu lamineiddio. Yr hyn oedd arnyn nhw oedd 'CLWB GWYLANOD LLŶN' a llun bach yn yr ochor a stamp ar y llun. Petai rhywun yn edrach yn fanwl ar y stamp, mi welach mai top potel ffisig oedd y 'stamp' – gyda'r geiriau 'Press to unlock', ond oedd popeth arall yn Gymraeg.

Er mai'r tîm llawn oedd o, roedd na rai dan 21. Mi fuon ni yn Los Angeles, San Francisco a Santa Monica ac roedd y 'cardiau ID' yn gweithio'n iawn!

Ar ddiwedd taith, mi fydda 'na ryw fath o *kangaroo court* a rhaid oedd cael gwahanol gosbedigaethau felly. O'dd dau o'r hogia wedi bod yn tynnu llunia yn bob man, fel rhyw *Japanese tourists*. Oeddan nhw i fod i fynd allan o'r dafarn a ffeindio rhywbeth Oriental i ddod nôl. Allan â nhw a dod yn ôl mhen rhyw ddeg munud efo rhyw *Chinee* bach. Hwnnw'n bowio i bawb ac yn ddiolchgar iawn ac yn yfed ei gwrw.

JP: Cofio trip yn mynd ar y trên i'r Alban. Un o'r hogia wedi anghofio'r tocynnau. Gorfod cael Terry Bach i'w ddreifio fo yn ôl i Bwllheli i nôl y tocynnau. Cyrraedd Bangor yn hwyr ond yn ffodus, oedd y trên yn hwyr – wedi torri lawr yn y twnnel. Oeddan ni'n gorfod dal trên arall yn Crewe. Mi ddoth y trên, ond doedd 'na ond rhyw ddau funud i ddal y trên arall. Dyma 32 ohonon ni'n rhedeg fel y diawl dros y bont i ddal y trên, a seti wedi'u cadw ar hwnnw.

Cyrraedd yr Alban a mynd i'r *hotel* efo tacsis. Un o'r hogia'n gofyn lle oedd y tocynnau. Oeddan nhw mewn bag a hwnnw ar goll – o'dd yr un oedd yn ei gario yn gocls! Gofyn i'r *reception* ffonio'r cwmni tacsis a ffendio fod y bag yn 'u swyddfa nhw. Mynd i'w nôl o a gadael tip i'r dreifar a hwnnw'n rhoi'r pres at achos da.

Ar ôl y gêm, hwyl a sbri. Oeddan ni'n aros diwrnod arall cyn mynd adra. Dyma fynd ar fws *hop on hop off* i weld y ddinas a gorffen ar y 'Royal Mile'. Oeddan ni'n stopio wrth y *Royal Yacht Britannia* a dyma un o'r hogia'n deud, 'Mae honna'n 'Royal Yacht'. Dwi ddim yn mynd ar hon – dwi ddim yn gwneud dim byd efo'r Roials'.

'Welwn ni chdi'n nes ymlaen ar y 'Royal Mile'!'

Oeddan ni'n gwylio gêm Lloegr mewn rhyw byb bach amser cinio dydd Sul ac mi ddywedodd un, 'Wela i chi'n nes ymlaen' a dyma fo'n cerdded i Pizza Hut wrth ymyl y pyb. Cerdded i mewn drwy'r drysau, fel cowboi yn mynd i salŵn: 'I've arrived', medda fo.

Dau fownsar yn ei godi: 'Now you can go out!'.

JG: Cofio ni yn Gwauncaegurwen a Wil 'ma'n cael peint gan y boi hwnnw.

WB: O'dd brawd Gareth Edwards yno a finna'n gofyn 'Be 'di dy enw di?' a hwnnw'n ateb, 'Brawd Gareth Edwards' – dyna o'dd 'i enw fo!

JG: Pobol yn prynu diod i'w gilydd yn y clwb yn fanno. Oeddan ni wedi deud wrth ryw blant fod Wil bron 'di chwarae i Gymru.

WB: Oeddat ti 'di deud wrthyn nhw 'mod i ar 'Pobol y Cwm'!

JG: O'dd y bỳs yn barod i fynd. O'dd Wil 'di prynu diod bach i'r plant a dyma ninnau'n prynu diod a deud wrth y plant am fynd â fo i Wil ac mai nhw oedd wedi ei brynu fo. Yn y ddiod oedd 'na hannar o ginis a rhyw dri fodca a dyma'r plant yn mynd â fo i Wil.

Oeddan ni'n aros yn Caerdydd, ac wrth fynd yn ôl ar y bỳs, oedd Wil yn methu dallt pam o'dd o'n methu siarad yn iawn. Pawb arall ar y bỳs yn gwbod.

WB: Aru ni adal un ar ôl ac o'dd o'n sefyll wrth rowndabowt yn droednoeth, mewn crys polo a gwaelod tracsiwt.

WB: O'dd gan un o Bwllheli *debenture* yng Nghaerdydd ac yn eistedd yn yr un sêt bob gêm ryngwladol. O'dd o'n rhyw foi dipyn bach yn anystywallt ac yn gweiddi o hyd, 'Dim felna mae isio gneud,' ac yn damio dros y lle.

Yn yr wythdegau, o'dd Cymru yn colli bob gêm ond mi ddaru nhw guro'r Alban un flwyddyn. Hwn yn mynd drwy'i betha fel arfar. O'dd na ddyn efo *debenture* yn y sêt nesa' iddo ac gorfod eistedd drwy hyn yn bob gêm. 'That's it!' medda fo. 'It's been twenty years and I can't take any more.' Dyma fo'n dechrau leinio'r un o Bwllheli a bu'n rhaid cael stiwardiaid i stopio'r helynt.

JG: Tra'n sôn am Gaerdydd, mi a'th 'na gymeriad o Llannor i lawr yno unwaith. O'dd na ddau arall o Llannor yn mynd i lawr ac mi a'th hwn efo nhw. Doeddan nhw ddim yn fois rygbi ond yn lecio bod yng Nghaerdydd adeg gêm. Oedd y tri yn aros efo ni, hynny yn y saithdegau. Mewn rhyw dafarn o'dd y tri ac a'th y cymeriad i'r toilet. Pan ddoth o allan, o'dd y ddau arall ddim yno. Dyma fo'n mynd allan i chwilio amdanyn nhw yn bob man ond methu ffendio nhw yn unlle.

Felly, dyma fo'n mynd at foi tacsi, a doedd 'i Saesneg o ddim yn dda iawn. Gofyn i'r dyn tacsi, 'I want to go home.'

'Where to?'

'Caernarfon,' medda fo.

'All right.'

Dyma nhw yn landio i fyny yng Nghaerfyrddin – o'dd y dyn tacsi wedi meddwl mai Carmarthen oedd o wedi ddweud. 'Dwi'm i fod yn fama,' meddyliodd. Be wnaeth o ond nôl 24 can o gwrw a chael hyd i dacsi arall i fynd â fo'n ôl.

Dydd Sul, ac o'dd y ddau arall wedi cyrraedd yn ôl ac yn ca'l peint yng Nghlwb y Gimblet yn Pwllheli. Mi ddoth y cymeriad arall i mewn. 'Lle da chi 'di bod y ffycars? Dwi 'di bod yn Carmarthen, wedi cael 24 o ganiau cwrw ac wedi dod adra. Mi gostiodd dri chant o bunnoedd i mi.'

'Sut ddaru ti'n colli ni?'

'Dwi'm yn gwbod.'

'Am be oeddat ti'n chwilio pan ddo'st ti allan o'r toilet yn y pyb?'

'Cap coch a gwyn,' medda fo. Y cr'adur bach yn chwilio am gap coch a gwyn. Faint oedd yna o'r rheiny yng Nghaerdydd y noson honno, tybed?

Fuodd o ddim yng Nghaerdydd wedyn!

Arwyddion o Rennes yng nghasgliad Clwb Rygbi Pwllheli

Teithiau Tramor a'r Pei

Rhai atgofion am Glwb Rygbi Caernarfon a gofnodwyd mewn llyfryn yn adrodd hanes y Clwb: 1973-2003 - *Y Deng Mlynedd ar Hugain Cyntaf* a olygwyd gan Clive James.

Sefydlwyd y clwb mewn cyfarfod a gynhaliwyd yng nghlwb y Marbryn ym 1973. Bellach, mae'r Marbryn yn gartref hen bobl a dwn i ddim os oes unrhyw un a fu yn y cyfarfod hwnnw ym 1973 yn y cartref erbyn hyn! Ers y flwyddyn honno, mae'r clwb wedi newid cartref fwy nag unwaith ac erbyn hyn wedi hen sefydlu ar gaeau y Morfa gerllaw Ysbyty Eryri, gydag adeilad pwrpasol fel clwb ar y safle.

'Cwstad' oedd ffugenw y capten cyntaf a bryd hynny, fel yn sawl clwb arall ar y cychwyn, roedd cyfrifoldebau'r capten yn drwm iawn ar y cae yn ogystal ag oddi ar y cae. Fel yn hanes clybiau eraill, bu rhai yn help garw iddo ar y cychwyn. A dweud y gwir, heb y gwirfoddolwyr cydwybodol hyn, ni fyddai clybiau'r ardal wedi parhau mewn bodolaeth.

Yn aml iawn, byddai problemau funud olaf yn codi a'r capten yn gorfod tynnu chwaraewyr oddi ar yr ail dîm. Golygai hynny y byddai capten yr ail dîm yn gorfod chwilio am chwaraewyr i lenwi'r tîm ac fe fyddai hynny'n golygu mynd o gwmpas y dref a'r tai tafarnau ar fore Sadwrn i chwilio am chwaraewyr.

Roedd sawl cymeriad yn chwarae i'r tîm. Pwy all anghofio gweld Paul Taylor yn rhwygo'r bel o sgarmes a hynny wrth dynnu'r sgarmes lathenni lawer tuag at ei linell ei hun! A beth am Eifion Harding, a fyddai'n anelu

Clwb Caernarfon ar gae y Morfa

ac wedyn yn deifio i mewn i sgarmes fel Ecsoset!

Ym 1981, aeth pedwar deg o hogiau'r clwb i'r Iseldiroedd ar daith dramor gyntaf y clwb. Chwaraewyd tair gêm ac ennill pob un ond bu i rai aelodau o'r clwb anfarwoli eu hunain wrth dreulio llawer o amser yn ymweld â 'thai amheus' ac wedyn yn ceisio mewnforio deunydd pornograffig o'r wlad honno.

Taith arall gofiadwy oedd honno i Lisbon, Portiwgal, lle chwaraewyd un gêm yn erbyn Os Belenensis er i nifer o'r aelodau dreulio'r nos yn ceisio yfed cynnwys garej yn sych – ac nid sôn am y pympiau petrol a disel yr ydym yn y fan hyn!

Gan fod tref Caernarfon wedi gefeillio gyda Landerne yn Llydaw, aeth y clwb allan i chwarae yn erbyn tîm yr efeilldref. Ar y daith ym 1996, yr ochr gymdeithasol a orfu dros y rygbi gan i'r tîm gael ei daflu allan o'r gwesty – 'L'evacuation' yn ychwanegol i golli'r ddwy gêm yn erbyn Landerne a Saint Brieuc.

Atgofion o daith i Lydaw/Normandi – Ebrill 1983

Gadawsom y clwb mewn hwyliau da, yn hen ac ifanc, gyda chyflenwad da o ddanteithion (crisps) a diodydd i'n cynnal ar y daith hir, ond roedd un ohonom wedi cael gormod o 'ffisig teithio' o'r Alban cyn cyrraedd Betws y Coed.

Cafwyd siwrne ddidrafferth ac roedd rhai o'r llanciau ifanc fel Ieu, Bybs, Wil Tei ac Aled Cliff yn edrych ymlaen i'r fordaith yn y llong fawr. Roeddem i gyd o dan ofal y 'Father', a oedd yn cyhoeddi i'r teithwyr eraill, 'These are lovely boys from the table tennis and basketball teams', a chafodd pob un ohonom gyfle i eistedd ar ei lin a chyffesu ein pechodau iddo.

Ar ôl glanio cawsom daith fer i'r gwesty Novotel moethus yn Rouen, a chael cyfle i gerdded o gwmpas y dref. Gyda'r nos rhuthrodd Alun Carlton (Monsieur le President) allan o'r disgo yn gweiddi bod ffeit tu mewn, a'r hogia wrth gwrs yn peilio i mewn i weld beth oedd yn digwydd – anghofiodd sôn mai fo oedd yn gyfrifol am y ffrwgwd!

Y bore wedyn aethom draw i Rennes i chwarae'n gêm gyntaf. Ar ôl perfformiad arwrol, yn arbennig gan Meirion 'Spearchucker' Evans, roeddem yn fuddugol.

Yn ystod y dydd dosbarthwyd y gosb o 'Ball and Chain' o amgylch rhai o'r garfan, gan gynnwys Paul Taylor, Gags Wyn, Wilks a Mac Bach, am wahanol resymau. Yn dilyn llymad neu ddau ar ôl y gêm gadawyd y gosb (a hefydd pâr o handcyffs a noddwyd gan Heddlu Gogledd Cymru) yng ngofal ein Llywydd, a oedd bron â chrio wrth i bawb ei adael.

Daethom at ein gilydd gyda'r nos i wledda gyda chwaraewyr Rennes, ac yn ei araith diolchodd y Llywydd am y cig aderyn arbennig – y 'quaille' a gawsom – a rhoi gwers am adarydda i bawb yn ei Ffranglais gorau. Cawsom noson arbennig o dda, ac am ryw reswm cafodd Ali ei win i gyd yn arbennig o rad. Bore drannoeth (ar ôl i rai gyrraedd yn ôl o ddisgo yn y goedwig a oedd yn debyg i rywbeth o 'Deliverance') aethom i Normandi i chwarae ym mhorthladd bach Granville. Ar y ffordd cafwyd rhywfaint o hanes yr Ail Ryfel Byd gan rai o'r feterans (Carlton – Brown a'i batman Evans) a oedd wedi parasiwtio i mewn efo beic a iâr. Gwelsom olygfeydd diddorol o Mont St. Michel, a dangosodd Bryn Fôn rai o'i driciau i'r hogia ifanc, a helpodd Moi un neu ddau ohonynt a oedd yn teimlo'n sâl.

Gadawsom ein bagiau yn y 'Seaman's Mission' yn Granville a mynd draw i'r gêm – a buddugoliaeth arall. Yn anffodus cafodd un o'r eilyddion dorri ei drwyn yn y munudau olaf – ar ôl deg eiliad ar y cae – ond ar ôl swper o gig ceffyl a sawl pastis 'Ricard' roedd yn teimlo'n well a rhoddwyd ef yn saff yn ei wely.

Ar ein diwrnod olaf aethom i borthladd Cherbourg i brynu ychydig o anrhegion a chael tamad o ginio cyn hwylio. Cafodd Moi ei 'Seafood Special' ac roedd darnau o grancod yn hedfan i bob cyfeiriad, a chafodd Ifan R. y platiad o chips drutaf erioed, a bu ein Llywydd yn cwyno'n arw wrth yr hen mademoiselle a oedd yn eistedd wrth y bwrdd nesaf, am fod ei phwdl yn eistedd ar y bwrdd ac yn helpu i fwyta'i fwyd!!

Cawsom fordaith dawel o Cherbourg, a gwnaeth rhai o'r hogia ffrindia hefo rhyw enethod glandeg, a bu Ali druan yn sâl ar y bwrdd cyn dod i ffwrdd (bai yr hen dun swp 'na oedd o!).

Roedd ein siwrne adra yn ddi-lol ond roedd rhai cwestiynau heb eu hateb – Pwy dalodd am y sigaréts? Pwy gollodd fwyaf wrth chwarae cardia? Beth ddigwyddodd i'r

'Ball and Chain'? ac efallai yn bwysicach byth, beth oedd y sgôr yn y ddwy gêm?

C'est la vie!

Hanes 'Y Pei'

Mae gan bob clwb ryw fath o gosb neu 'wobr' yn dilyn pob gêm (neu fe fyddai hyn yn bod yn y cyfnod cyn cynghreiriau – nid yw mor amlwg erbyn hyn). Yn ambell glwb, gelwid ef yn 'Twat of the Match' neu ryw enw tebyg ac fe fyddai'r 'enillydd' yn cael ei ddewis gan y chwaraewyr yn y bar yn dilyn y gêm. Fel arfer, y sawl a gafodd y gêm salaf, neu un oedd wedi gwneud rhywbeth gwirion oedd yr 'enillydd', a byddai'r gosb yn amrywio o orfod gwneud rhyw benyd neu yfed y ddiod ryfeddaf. Yn Nant Conwy, y 'Ddraig Goch' oedd y 'wobr', a byddai'r sawl dan sylw yn gorfod yfed llond peint o ddiodydd amrywiol gan gynnwys pob un oedd ar y 'silff uchaf' y tu ôl i'r bar.

Adeg capteniaeth Clive James o Ail Dîm Caernarfon,

Rhai o'r genhedlaeth nesaf y tu allan i Glwb Caernarfon

dechreuodd 'traddodiad'. Ar ôl gêm lwyddiannus a'r dathliadau wedyn, cafodd rhywun y syniad o gyflwyno porc pei i seren y gêm. Am wythnosau wedyn roedd y capten a seren yr wythnos flaenorol (a oedd wedi cadw'r Pei adref yn yr oergell am wythnos) yn penderfynu ar enillydd yr wythnos wedyn. Wrth gwrs, roedd iechyd y Pei yn fregus ac ymhen amser cipiwyd sedd toilet bren o hen dŷ a'i bedyddio 'Y Pei – Ail XV' , gyda'r Pei gwreiddiol yn cael ei selio mewn plastig. Cyfnod y Pei oedd 1978 – 1985, ond maent i'w gweld yn y Clwb o hyd.

Roedd gan y Trydydd Tîm wobr hefyd. Am gyfnod tua 1976-1979 cyflwynwyd yr Esgid Aur i seren y diwrnod. Does neb yn gwybod beth fu hanes yr Esgid Aur wedyn!

Pennod 9:
Sgwbi Dŵ

(Atgofion am Glwb Rygbi Llangefni)

Petaech yn sôn am Dafydd Owen ymysg cyn-
chwaraewyr clybiau rygbi y gogledd-orllewin, ychydig
iawn a fyddai'n adnabod yr enw. Ond soniwch am Sgwbi
Dŵ, yna mae'n fater gwahanol. Mae'n un o'r chwaraewyr
chwedlonol hynny a chwaraeai yn ystod y saithdegau a'r
wythdegau, a hynny i Langefni. Mae o hefyd yn frawd
yng nghyfraith i ddau gymeriad chwedlonol arall –
Richard Ogwen a Huw Waen o glwb Bethesda.

Ond sut y cafodd yr enw Sgwbi Dŵ?
Pan oeddwn yn rhyw ddeunaw oed, byddwn yn yfed gyda
chriw y 'Rafins'. Un noson, a ninnau yn nhafarn y Menai
Vaults ym Mangor uchaf, aethom i sôn am raglenni teledu
yr oeddem wedi eu mwynhau. Dyma fi'n deud fy mod wedi
troi'r teledu ymlaen amser te y diwrnod hwnnw ac mi
oedd yna gartŵn da arno. Enw'r cartŵn oedd 'Sgwbi Dŵ',
a chan i mi ganmol hwnnw, mi lynodd yr enw a Sgwbi Dŵ
ydw i'n dal i fod – bron i ddeugain mlynedd ers hynny!

Beth am y rygbi a Chlwb Llangefni?
Yn Ionawr 1972 ddaru'r clwb ddechrau, ond doeddwn i
ddim yn chwarae ar y cychwyn. Ar y dechrau, sefydlwyd
pwyllgor ac yn un o'r cyfarfodydd cyntaf, dyma un yn
cynnig fod yn rhaid cael doctor i'r clwb. Wedi pendroni a
thrafod, dyma rywun yn deud:

'Beth am y Doctor J. B. Hughes? Mae o'n byw yn
Llangefni.'

Dafydd 'Sgwbi Dŵ' Owen, Gorffennaf 2018

Ond dyma un arall yn codi ei law:

'Sgiws mi, *doctor of pure maths* ydi o!'

Penderfynwyd gofyn i'r Dr Elwyn Jones a fyddai'n barod i weithredu fel doctor y clwb, a fo fu'n ddoctor i'r clwb am flynyddoedd.

Mi ddechreuais i chwarae ym Medi 1973 ac mi fues i'n chwarae tan ddiwedd tymor 1990. Yn yr ail dîm i gychwyn, wedyn i'r tîm cyntaf ac yn ôl i'r ail dîm cyn gorffen.

Drwy'r amser y bûm i'n chwarae, fuon ni ddim ar deithiau i'r cyfandir, dim ond i Iwerddon, i Lundain ac i'r Alban – a hynny ar adegau gemau rhyngwladol Cymru. Fuodd yna syniad o gael taith yn fuan ar ôl sefydlu'r clwb.

Oedd Phil Lewis yn chwarae i ni, un o ochrau Wrecsam, ac oedd yna byllau glo yno yr adeg hynny a llwyth o rai o Wlad Pwyl yn gweithio yn y pyllau glo.

Dyma Phil Lewis yn dweud y gallai gael ei ffrindiau o Wlad Pwyl i drefnu taith i'r wlad honno ond ddaeth dim byd o'r peth.

I'r Alban fuo ni ar y daith gyntaf, i Burntisland ac wedyn ymhen dwy flynedd i Rosyth (gweler pennod 3). Bob yn ail â hynny byddem yn mynd i Lundain ac Iwerddon pan fyddai Cymru yn chwarae yn y gwledydd hynny.

Oeddan ni yn mynd i Twickenham am y tro cyntaf ac yn stopio ar y ffordd yn ôl mewn rhyw gaffi ar yr A5 yn rhywle. Dwi ddim yn cofio yn lle, ond oedd yna ddwy hen wreigan yn cadw'r caffi a phan welson nhw lond bỳs o hogia rygbi yn dod i mewn, oeddan nhw wedi dychryn – am fod yna ormod o bobol am wn i.

Roedd Dic 'Stag' Edwards, ei frawd Bob a'u ffrind Ian Edwards yn cael eu hystyried yn rhai o oedolion y clwb, er nad oeddynt mor hen â hynny, ond yn edrach yn hen i ni'r criw ifanc. Dyma nhw'n deud wrth y ddwy hen wraig:

'Don't worry. Sit down there,'

a rhoi y ddwy i eistedd yn y cadeiriau. Dyma'r tri yn cymryd drosodd yn y caffi a gwneud y bwyd i gyd i'r hogia. Dwi'n meddwl fod pawb wedi talu mwy na'r pris a'r ddwy hen ddynes wrth eu bodd.

Mi fuodd hynny'n digwydd yn rheolaidd, wedyn, wrth ddod yn ôl o Lundain. Rhaid oedd galw yn y caffi i gael bwyd.

Yn y cyfnod cynnar, dim ond crys oeddat ti'n gael gan y clwb – rhaid iti brynu dy siorts a dy sana, felly gwisgai'r hogia sana o liwiau gwahanol. Dwi'n cofio chwarae ym Mhwllheli, ac mi oedd gan bob un o'r tîm cartra sana gwyrdd. Oeddwn i ar lawr ac mi welwn y boi 'ma mewn sana gwyrdd yn codi o'r sgarmes, codi'r bêl a mynd, a dyma fi'n ei daclo. Pwy oedd o ond Brian Thirsk, un o'n hogia ni! Dro arall, mi gododd Brian y bêl a mynd am gais a dyma fo ar ei ben i'r postyn gôl a chnocio ei hun allan (doedd yna ddim o gwmpas y pyst yr adeg honno fel sydd heddiw).

Roedd ei frawd John yn byw yn Llundain a phan fyddai'n dod yn ôl, byddai'n cael gêm efo ni. Cofio unwaith i'r gêm stopio am chwarter awr. Roedd John wedi colli *contact lens* ac yno'n chwilio amdani yn y mwd. O'r diwedd, cafodd hyd iddi yn y mwd. Ychydig o ddŵr ar ei phen i'w golchi, ei rhoi yn ôl yn ei lygad a dyma'r gêm yn ail-gychwyn.

Wrth deithio yn y bỳs drwy draffig yn ôl am y gwesty yn Llundain un tro ar ôl gêm, gwelsom griw o hogia bach yn chwarae efo'u beics wrth ochor y ffordd. Dyma John Thirsk yn agor drws y bỳs a gweiddi ar un o'r hogia bach 'ma:

'Hey, go and tell your mother to make us some sandwiches!'

Ei ddweud o ran hwyl a wnaeth John. Gan fod y bỳs yn mynd yn ara deg drwy'r traffig, ymhen ychydig dyma'r hogyn bach yn ôl efo platiad o *sandwiches*!

Yn ystod y cyfnod cynnar yr oedd Dewi 'Sinc' yn chwarae i'r clwb. Wrth deithio yn ôl wedi gêm, dyma stopio yn rhywle, tua Llanelwy os dwi'n cofio yn iawn. Oedd y tŷ bach mewn cwt sinc y tu allan i'r dafarn ac mi oedd Dewi yn glamp o foi mawr. Pan aeth o allan i'r tŷ bach, mi ddigwyddodd rhywbeth – mi faglodd rywsut a syrthio yn erbyn y cwt sinc. Aeth y cwt sinc drosodd a malu'n rhacs, felly cafodd yr enw Dewi Sinc, do.

Yn ddiweddarach, mi ddaeth Huw, brawd Dewi, i chwarae i Langefni ac mi oedd o'n cael ei nabod fel Huw Dewi Sinc!

Cafodd Huw Sowth ei enwi am gael ei adael ar ôl yn y De yn dilyn gêm (gweler Pennod 3). Cyn hynny, fel Huw Gwyddonwr y câi ei adnabod am ei fod wedi astudio gwyddoniaeth yn y Brifysgol ym Mangor, ond wedyn fe drodd yn Huw Sowth.

Mae gen ti ambell stori am chwarae yn erbyn Pwllheli?
Dwi'n cofio chwarae yn erbyn Pwllheli a dyma Siôn Pengroes yn cael andros o slap dan ei lygad. A deud y gwir, roedd o angen pwythau a doedd o ddim ffit i fod ar y cae. Oedd o ar lawr a phawb o'i gwmpas o. Dyma Arthur, ei frawd, yn dŵad a deud:

'Cod Siôn, paid â gorweddian yn fanna.'

Daeth y dyfarnwr at Arthur a gofyn:

'Excuse me, who are you?'

'I'm his captain and I'm also his brother.' Dyma fo'n troi at Siôn:

'Rŵan, cod Siôn. Be fasa mam yn feddwl ohonat ti?'

A chwarae ymlaen fu'n rhaid i Siôn.

Dro arall ym Mhwllheli wedi i un o brops Pwllheli roi un fudur i Huw ein mewnwr, dyma Bins, prop Llangefni, yn deud:

'Rhaid i ni gael o'n ôl.'

Dyma fo'n troi ataf fi – oeddwn i'n chwarae yn yr ail reng y tu ôl i Bins:

'Gwranda. Pan fydd y sgrym yn torri i fyny, mi wna i ddal fy ngafael ynddo fo ac mi dyna i o trwodd a dyro ditha *head butt* iddo fo.'

Ar ôl rhoi chwech *head butt* iddo fo, dyma fi'n deud wrth Bins:

'Di hyn ddim gwerth – mae o'n dal i ddeud 'thank you very much' wrtha fi.'

'Gad o fynd ta,' a dyna wnaed.

Dim ond unwaith ges i'n hel i ffwrdd oddi ar y cae yn ystod gêm. Ym Mhwllheli oedd hynny ac mi oeddwn yn cwffio efo Guto Wyn, ail reng Pwllheli, a'r ddau ohonom yn dyrnu ein gilydd. Y peth rhyfeddaf oedd ein bod ni'n ffrindiau a dyma Guto Wyn yn deud wrtha i ar ôl cael ein hel i ffwrdd:

'Y tro cynta i mi gael fy hel i ffwrdd a hynny am gwffio efo chdi!'

Fues i'n lwcus na wnes i frifo wrth chwarae rygbi ond mi wnes i frifo un tro ym Mhwllheli – ond nid yn ystod gêm, chwaith! Ar ôl y gêm yr adeg honno, i'r Cadwalader Jones yr oeddem yn mynd (gw. Pennod 7). Oedd y bar wedi ei osod allan yr un fath â llong hwylio. O'n i 'di cael dipyn o ddiod rŵan a dyma benderfynu dringo i dop y mast, i fyny y rigin. Mi gollais fy ngafael a syrthio i lawr ac mi wnes droi fy ffêr.

Oedd yna brop yn chwarae i Ddolgellau ar un adeg ac mi oedd o'n hollol fyddar – yn clywed dim. Oedd o'n propio yn erbyn Twm Parry ac yn chwarae'n fudur iawn. Dyma Twm yn ei rybuddio i roi'r gorau iddi. Mi rybuddiodd y prop fwy nag unwaith ond dal ati i chwarae'n fudur a wnâi hwnnw. Yn y diwedd, dyma un o hogia Dolgellau yn deud wrth Twm fod yna ddim pwrpas iddo fo gega ar y prop achos fod o ddim yn clywed!

Ar ôl un gêm yn Nolgellau, dyma stopio'r bỳs y tu allan i *off-licence* ar y stryd yn Port. Aeth yna dipyn o'r criw i mewn i nôl cwrw a sylwodd rhywun fod yna lawer o focsys yn llawn o ganiau cwrw y tu allan i'r siop. Tra y prynai rhai o'r hogia gwrw y tu mewn aeth rhai eraill ati i gario'r bocsys cania i mewn i'r bỳs heb i'r siopwr sylwi.

Cofio chwarae yn y Bala ac ar ôl y gêm, mynd i'r Plas Coch efo hogia Bala. Wedyn aeth criw Llangefni drosodd i'r White Lion. Yn y fan honno, oedd yna griw o hogia pêl-droed y Bala ac mi aeth hi'n ffrwgwd rhwng hogia rygbi Llangefni a'r hogia pêl-droed. *Free-for-all* ydi'r disgrifiad Saesneg o'r hyn ddigwyddodd. Oedd 'na un o hogia Llangefni, Arthur Huws, yn gorfod cario ei drowsus yn ei law wrth gael *police escort* i'r bỳs!

Lle oeddach chi'n cyfarfod fel clwb?

Ar y dechrau, yn nhafarn y Railway y byddai clwb Llangefni yn cyfarfod. Yn y fan honno y dechreuodd y clwb, a buom yno am flynyddoedd. Wedyn buom mewn nifer o lefydd yn y dref cyn setlo yn y Bull. Yno y byddem yn cael y cinio blynyddol – hynny yw, hyd nes aeth rhyw gyw iâr ar goll o'r gegin! A dyna ddiwedd ar fanno, de!

Penderfynwyd adeiladu clwb yn Llangefni ym 1983 ac roedd mis union rhwng adeiladu'r clwb a'r Eisteddfod Genedlaethol yn Llangefni y flwyddyn honno. Cafwyd cwt o hen ysgol Ffriddoedd ym Mangor i wneud y clwb ac fe gafodd bawb gwrs brys ar sut i dynnu peint a gweithio y tu ôl i'r bar. Mi wnaethom ni'n iawn ac fe ddaeth â dipyn o bres i'r clwb.

Roedd y clwb wedi ei osod ar hen slipars lein, wedi ei godi ryw ddwy neu dair troedfedd o'r llawr am fod yr afon wrth ymyl, ond toedd o ddim digon. Un flwyddyn, mi ddaeth llifogydd mawr a daeth y dŵr i mewn i'r clwb. Doedd dim dewis ond datgysylltu'r trydan a'r dŵr a jacio'r adeilad i fyny dipyn yn uwch. Wedyn ailgysylltu'r trydan a'r dŵr. Erbyn hyn, mae'r clwb newydd ar yr ochr arall i'r afon.

Digwyddiad poblogaidd iawn ar un adeg oedd y tynnu rhaff – *Tug-o-war* ar draws yr afon gyda nifer go lew o dimau'n cymryd rhan. Oedd o'n beth mawr yn Llangefni.

Adeilad cyntaf Clwb Llangefni o dan y dŵr

Maes a Chlwb Llangefni yn ystod haf braf 2018

Mae'n siŵr fod ambell chwaraewr wedi gwneud argraff arnat?

Ar ddiwedd yr atgofion fel hyn, dyma edrych yn ôl ar rai o'r chwaraewyr y bûm yn chwarae yn eu herbyn a rhai oedd yn yr un tîm â mi.

Roedd Eric Garth Hebog yn chwaraewr caled i Nant Conwy. Yna Tref Wyn a chwaraeai fachwr i Harlech ac yn bachu gyda'i ben! Hefyd Twm Locs yn yr un tîm. Dei Redman, wedyn, un caled a budur ar adegau i Ddolgellau. Mi ges i lawer o 'anghytuno', ddywedwn ni, gydag o. Alan Shields hefyd, ond oedd yn hawdd ei wylltio ac ennill ciciau cosb oherwydd hynny. A fedrwn i ddim anghofio Joe Twigge chwaith. Oedd yna hwyl i'w gael efo nhw.

Wedyn o'r rhai oedd yn yr un tîm â mi, y tri brawd Arthur, Siôn a Twm, hogia Pengroes, y tri yn chwaraewyr da ac yn chwaraewyr caled. Yna Maldi a fu'n cyd-chwarae â mi yn yr ail reng. A dweud y gwir, mi fues i'n chwarae efo llawer yn yr ail reng dros y blynyddoedd y bûm yn chwarae rygbi i Langefni.

Pennod 10:
Y Cefnogwyr

Fel mewn gemau pêl-droed, mae sylwadau'r cefnogwyr yn gallu bod yn ddoniol. 'Mae o fatha ffurat' ddywedodd rhywun am asgellwr bychan, main oedd yn medru torri drwy fwlch bach i sgorio cais. 'Ffurat' fu ei enw yn y clwb ar ôl hynny.

Dro arall, roedd prop mawr blonegog yn gorwedd ar wastad ei gefn ar y cae. Ar y llinell, bathodd rhywun yr enw 'Morfil Dof' arno am ei fod yn llonydd fel morfil wedi ei adael ar y traeth.

Aeth ffarmwr i wylio gêm yn Llandudno. Gwelodd un o gefnwyr lleiaf Nant Conwy yn taclo clamp o flaenasgellwr: 'Esgob, faswn i ddim wedi trin hwnna efo picwarch' oedd y ddedfryd.

Fel y tyfai'r diddordeb yn y gêm, byddai mwy o frwdfrydedd ymysg y cefnogwyr a'r gweiddi'n cynyddu. Soniais am fachwyr rhyngwladol yn cael trafferth i glywed galwadau ond, coeliwch chi fi, gallai fod yr un mor anodd o flaen torf swnllyd Bethesda. A chwaraewyr a chefnogwyr yr un clwb oedd yn gyfrifol am foddi'r jiwcbocs yn y Bwl ar ôl gêm. Y gweiddi siarad mor uchel nes boddi ymdrechion y grwpiau ar y sgrechflwch hwnnw!

Torf arall yn agos iawn eu twrw at dorf Bethesda yw'r Cofis yng Nghaernarfon, gyda'r gweiddi yn cyfuno â'r rhegfeydd yn berffaith. Ar gae Caernarfon, mae'r ymadrodd 'hospital pass' am bas sy'n golygu derbyn y bêl a'r gwrthwynebwr ar yr un pryd yn hollol addas gan fod Ysbyty Eryri y drws nesaf i'r cae!

Pan oedd Nant Conwy yn chwarae yn erbyn Porthmadog mi soniais wrth gymeriad o Port fod Myrddin ap Dafydd yn chwarae, a'i fod newydd ennill cadair yr Eisteddfod Genedlaethol yng Nghwm Rhymni. Ond mae'n rhaid ei fod wedi camddeall arwyddocâd y 'gadair' a chymysgu rhwng y bardd a'r mynydd gan iddo weiddi ar y tîm cartref fwy nag unwaith oddi ar ochr y cae am iddynt daclo 'Cader Idris'!

Yn y gêm gyn-derfynol rhwng Nant Conwy ac Ystalyfera yn Llanidloes, cafodd Ystalyfera gic gosb ac aeth y maswr am y pyst. Yn anffodus, chododd y gic fawr mwy na dwylath o'r tir ac aeth o dan y bar yn hytrach na throsodd. Gwaeddodd un o gefnogwyr Nant Conwy, 'Wel am uffarn o gic sâl, fasa'r wraig 'cw wedi gwneud yn well!'

Dyma ferch ifanc, un o gefnogwyr Ystalyfera a safai wrth ei ochr, yn ateb, 'Fy sboner i yw e!'

Roedd gan Ystalyfera ddau brop reit fawr. Dyma sylw un o gefnogwyr Nant pan ddaeth un prop oddi ar y cae: 'Mae hwnna ddwy waith fy seis i a dim ond hanner fy oed!' Mae'n amlwg fod y prop yn deall Cymraeg gan iddo ddangos ei anfodlonrwydd am y sylw.

Mae'n bolisi gan y clybiau i gynnwys gair yn eu rhaglenni i'r perwyl na ddylid anelu sylwadau sarhaus, rhegfeydd ac yn y blaen tuag at y dyfarnwr. Eto, yng ngwres yr ornest, mae'n hawdd anghofio hyn.

Roedd geneth yn dyfarnu dwy gêm Nant Conwy ar ddau Sadwrn yn dilyn ei gilydd. Mewn gêm gwpan, chwaraeodd wyth munud o amser ychwanegol a neb yn gwybod pam. Roedd y ferch yn gweithio mewn siop arbennig a werthai, ymysg pethau eraill, watsus. Yn y gêm yr wythnos wedyn, cafwyd y sylw hwn gan rywun: 'Gobeithio yr est ti i siop arall i gael wats ar gyfer heddiw!'

Rhai teithiau rygbi

Antur newydd i'r clybiau ifanc hyn oedd y teithiau rygbi a'r cyfle i fynd i wahanol lefydd er mwyn chwarae gemau yn erbyn y timau lleol yn ogystal â chael dipyn o hwyl. Rydym eisoes wedi cael hanes teithiau rhai o'r clybiau. Yn hanes Nant Conwy, mentro yn gyntaf i Loegr cyn ehangu gorwelion a mynd dros y môr. Rwy'n parchu'r ymadrodd fod 'yr hyn sy'n digwydd ar daith yn aros ar y daith' (yn Saesneg – 'What happens on tour stays on tour').

Y daith gyntaf i Nant Conwy oedd honno i swydd Efrog yn Lloegr. Wedi teithio mewn bỳs o Lanrwst drwy brynhawn y Groglith, penderfynwyd stopio yn y dafarn gyntaf a welsom yn nhref Wetherby. I mewn â'r bysiad, ac wedi peint neu ddau dyma ddechrau canu 'Calon Lân'. Pan oeddem ar ganol ei chanu, dyma'r tafarnwr yn gweiddi, 'No singing here!' Felly, gan na chaem ganu, yr unig ddewis arall oedd cydadrodd yr emyn. Aeth y dyn yn wallgo a galwodd yr heddlu. Wrth ein troi ni allan, dywedodd un ohonynt wrthym, yn llawn cydymdeimlad, ein bod wedi dewis y dafarn gyda'r tafarnwr mwyaf blin yn y dref!

Digwyddodd amryw o bethau 'rhyfedd' yn ystod y daith ond yn dilyn y gêm olaf a chwaraewyd yn erbyn Ripon, daeth yr heddlu i'r bỳs cyn i ni gychwyn yn ôl a mynnu fod pawb ar y bỳs yn sgwennu ei enw a'i gyfeiriad cyn cael gadael am Gymru. Pan gyrhaeddodd y rhestr i'm llaw, fe fu bron i mi dagu. Roedd edrych arni fel edrych ar hanes Cymru! Enwau megis Llywelyn Fawr, Owain Glyndŵr, Dafydd Iwan yn cael eu dilyn gan Wiliam Morgan a Gwynfor Evans. Rywle ar y rhestr roedd Wil

Cwac Cwac ac ambell gymeriad arall! Yn rhyfedd iawn, bodlonwyd yr heddlu ac fe gawsom adael.

Aeth un o glybiau'r gogledd i Luxembourg ar daith diwedd tymor ond ddaru nhw ddim cwblhau'r daith, ond cael eu hebrwng gan yr heddlu ar yr awyren gyda rhybudd i beidio dod yn ôl. Wedi i gefnogwyr tîm pêl-droed Lloegr gamymddwyn yn yr un wlad rai dyddiau cyn hynny, doedd yr heddlu ddim am ddioddef unrhyw fisdimanars. Ond doedd y teithiau ddim yn gyfyngedig i Ewrop, chwaith, gyda Bro Ffestiniog yn mentro ar daith mor bell ag Awstralia, a Phwllheli i'r Unol Daleithiau.

Un o'r teithiau rygbi traddodiadol, un sydd wedi cynyddu yn ei phoblogrwydd dros y degawdau, yw'r bererindod bob yn ail flwyddyn i Iwerddon. Mae amryw o glybiau'n trefnu teithiau i'r gêm, ond anaml iawn erbyn hyn y trefnir gemau yn erbyn timau o'r Ynys Werdd. Gyda chyfyngiadau'r cynghreiriau, dydi trefnu taith ddim mor hawdd am nad oes fawr o amser i wneud hynny. Eto, fe ddeil y Gogs, sef tîm 'hen bennau' Caernarfon, i drefnu gemau am nad ydynt yn gaeth i drefn cynghrair.

Bûm drosodd yn y gêm yn Nulyn lawer tro ond nid wyf am sôn am y teithiau hyn, hynny yw, heblaw am un. Aeth honno'n rhan o chwedloniaeth sawl clwb rygbi erbyn hyn. Petawn ond yn dweud 'Ivy Rooms' yna dwi'n siŵr y byddai'n dod â gwên i wyneb ambell un. Os y cofiaf yn iawn, tua canol yr wythdegau oedd y gêm. Roedd Myrddin ap Dafydd, Dewi 'Pero' Parry a minnau wedi mynd drosodd i Ddulyn yr hydref cynt ac wedi canfod yr Ivy Rooms. Efallai nad teg oedd ei alw'n westy, yn hytrach ymdebygai i hostel. I ganfod y lle, ewch i fyny Stryd O'Connell a throi i'r dde yn Sgwâr Parnell. Yno ar y dde y saif y sefydliad sydd erbyn heddiw yn llawer crandiach nag a fu ac wedi newid ei enw. Beth bynnag, cyn gadael, dyma logi rhyw bedair neu bum ystafell ar gyfer y gêm.

Cododd problem pan ohiriwyd y gêm am wythnos oherwydd fod y cae ar Ffordd Lansdowne wedi rhewi. Yr hyn na ragwelwyd gan Undeb Rygbi Iwerddon oedd fod y Gwyddel, Barry McGuigan yn amddiffyn pencampwriaeth bocsio'r byd yn Nulyn ar yr un penwythnos. Dyna i chi lanast! Wrth gwrs, roedd yr Ivy Rooms yn llawn i'r ymylon gan fod y cefnogwyr rygbi a chefnogwyr y bocsio wedi llogi'r lle. Rywsut fe ddaethpwyd i ben â hi. Roedd chwech ohonom wedi cael ein gyrru i lofft ar y llawr uchaf gyda chwe gwely ynddo. Ond oherwydd diffyg lle, daeth tri arall atom a doedd dim dewis ond gwthio'r gwlâu at ei gilydd i wneud un gwely mawr i bawb. Yn nhalcen yr ystafell roedd twll, a gallem weld yr awyr drwyddo. Fel y dywedodd rhywun, 'Gwesty pum seren ydi o achos mi allwch chi weld pum seren drwy'r twll yn y talcen!'

Fe aethom i lawr i frecwast yn weddol fuan, a bu hynny'n ffodus gan nad oedd dim bwyd ar ôl i'r rhai a ddaeth i lawr yn hwyrach. Ar ben draw y coridor ar y llawr uchaf roedd drws gydag arwydd 'drws tân' arno. Agorwyd y drws er mwyn gweld pa ddihangfa fyddai'n bosibl petai'r lle yn mynd ar dân, a'r hyn a welwyd ar do fflat rhyw ddeulawr oddi tanom oedd pwt o ysgol a beic! Mewn llofft gyferbyn â'n llofft ni roedd gorsaf radio anghyfreithlon – 'ABC Capital Radio' oedd yr enw, dwi'n meddwl. Yn ystod oriau mân bore Sul, aeth criw ohonom i mewn, a dyma'r dyn oedd yno yn datgan ar y radio fod criw o gefnogwyr Cymru newydd ddod i'r stiwdio i roi cân i'r gwrandawyr. Dyma ddechrau canu ac, wrth gwrs, gydag effaith y 'du' a'r awr hwyr, go brin y byddai'r datganiad yn ennill gwobr mewn unrhyw eisteddfod, felly wedi rhyw far neu ddau, trodd y dyn at record ac aethom ninnau yn ôl at 'far' mwy addas!

Bore Sul, gwelsom faint y gyflafan, gyda phobl yn cysgu ar y cadeiriau yn y bar, gan gynnwys y dyn a fu'n gweithio y tu ôl i'r bar. Aethom at y ddesg i dalu ac yn y llyfr yr oedd pedair ystafell gyda'r canlynol ger pob un: 'MapD and friends'

Gan na wyddai'r gwesty faint o 'friends' oedd wedi aros, cyfaddefwyd i nifer fach iawn ac fe gafodd y criw westy rhad iawn dros y penwythnos. Ond anodd iawn fu gadael y lle, a hynny am fod y carped ger y drws wedi ei drochi mewn degawdau o Ginis ac iddo gydio yn eich esgidiau fel glud!

Dros y blynyddoedd, clywais lawer yn dweud iddynt aros yn yr Ivy Rooms yn ystod y penwythnos hwnnw. Petaent wedi aros yno i gyd, yna, gan ychwanegu'r rhai y gwyddwn iddynt aros yno, byddai rhai cannoedd wedi cael y fraint!

Pennod 12:
Dyfarnu

Er fod ambell eithriad canmoladwy, ar y cychwyn, cyffredin iawn, a dweud y lleiaf, oedd safon y dyfarnwyr. Gan fod y gêm wedi tyfu'n sydyn yn y gogledd yn ystod y cyfnod hwn roedd hi'n anodd cael dyfarnwyr o safon gan nad oedd dyfarnu gemau rygbi wedi datblygu i'r un graddau. Yn aml, os nad oedd dyfarnwr ar gael, byddai rhywun o'r clwb yn gorfod gwneud y gwaith ac yn aml iawn, byddai hwnnw'n unllygeidiog, gyda phob penderfyniad yn mynd i'r tîm cartref. Un o'r gwaethaf am hynny oedd Sais o'r enw Lord, cadeirydd clwb Benllech. Roedd yn enwog ymhlith clybiau eraill y Gogledd, a chan fod ei fab yn chwarae i'r tîm, câi 'Mab yr Arglwydd' fwy na chwarae teg ar y cae. Os clywai air o Gymraeg ar ôl rhoi cic gosb yn erbyn yr ymwelwyr, byddai'n camu ymlaen ddeg llath. Yn achos Nant Conwy unwaith, a'r capten yn gweiddi 'Yn ôl ddeg llath, hogia', yna deg llath arall bob tro, fe gollwyd hanner cae cyfan ar un gic gosb! Erbyn heddiw byddem wedi dod â chŵyn yn ei erbyn o dan y Ddeddf Iaith.

Un arall oedd yn ddigon ciami fel dyfarnwr oedd y diweddar Jo Llwyn o Ddolgellau. Roedd yn actor lled adnabyddus ac wedi ymddangos sawl gwaith mewn cyfresi ar S4C yn ogystal ag yn ffilm enwog *Hedd Wyn*. Er yn actor da iawn, roedd yn anobeithiol wrth ddyfarnu, gan ffafrio'r tîm cartref yn aml a chreu dryswch yn ei benderfyniadau. Cofiwch, pan symudais i fyw i Ddolgellau wedi i mi briodi deuthum yn dipyn o ffrindiau gydag ef, a'i gael yn gwmni difyr iawn dros beint.

Yn ystod mis Mai eleni, daeth y newyddion trist am farwolaeth sydyn Brian Owen, cyn-gapten Caernarfon a deintydd wrth ei alwedigaeth. Ganddo fo y cefais y stori ganlynol:

Un o'r rheolau a berthyn i'r gêm ers ei chyfnod yn ysgolion bonedd Lloegr yw'r hyn a elwir yn Saesneg yn 'ungentlemanly conduct'. 'Dwn i ddim yn union beth yw terfynau'r rheol hon ond byddai'n cael ei defnyddio'n aml gan ddyfarnwyr o Saeson os clywent unrhyw chwaraewr yn rhegi ar y cae. Wrth edrych yn ôl, dwi'n rhyw amau mai rhagfarn yn erbyn y Gymraeg oedd wrth wraidd llawer penderfyniad o dan y rheol hon. Clywais hanes tîm Caernarfon yn chwarae mewn gêm. Fe ŵyr pawb am yr arfer sydd gan y Cofis o roi'r rheg sy'n dechrau efo'r llythyren 'c' ac yn gorffen efo 't' yn aml iawn yn eu sgwrs – diawch, does ond dwy lythyren arall ar ôl – a dyma'r dyfarnwr o Sais yn rhoi cic gosb yn erbyn un o'r Cofis am regi. Aeth capten tîm Caernarfon ato a gofyn pam roedd yn cosbi'r tîm. Atebodd y dyfarnwr, 'Ungentlemanly conduct. Your man swore.'

'No,' medda'r capten, 'it's a term of endearment in Caernarfon!'

Pan oedd un o'r timau Cymraeg hyn yn chwarae yn erbyn tîm o ardal fwy Seisnig un tro cododd mater yr iaith ei ben yn y rheng flaen. Gan mai Cymraeg oedd iaith naturiol rheng flaen y clwb Cymraeg, dechreuodd prop y tîm arall wneud sylwadau haerllug megis 'tool dean and all that'. Bwriad hyn, wrth gwrs oedd corddi'r tîm arall gan greu ymateb a fyddai'n arwain at gic gosb.

Digwyddai hyn ymhob sgrym, felly dyma'r prop pen rhydd yn dweud wrth ei fachwr ei fod am ollwng ei 'beind' – hynny yw, tynnu ei fraich oddi ar y bachwr – yn y sgrym nesaf. Dyna a wnaeth, a phan ddaeth sylw dirmygus y prop arall, cododd y Cymro ei ddwrn gan daro'r prop arall yn galed o dan ei ên nes oedd ei gefn yn codi o'r sgrym! Gyda braw, sylwodd y prop ar goesau'r dyfarnwr a'i fod yn siŵr o fod wedi gweld yr hyn a ddigwyddodd. Cwynodd y tîm arall am y chwarae budr ond wnaeth y dyfarnwr ddim byd ond cario ymlaen gyda'r gêm er gwaethaf yr holl brotestio.

Wrth gerdded o'r ystafell newid, sylwodd y prop 'euog' ar y dyfarnwr yn rhoi ei fag yng nghefn ei gar ac, ar yr un pryd, sylwodd fod bathodyn Plaid Cymru ar gefn y car!

Rai wythnosau wedyn, roedd y prop yn teithio ar y cwch i'r gêm yn Nulyn pan ddaeth ar draws y dyfarnwr. Dyma a ddywedodd hwnnw: 'O'n i wedi clywed y diawl arall yn dweud pethau cas am y Gymraeg, hefyd, ac yn falch dy fod wedi gwneud rhywbeth am y peth!'

Rai blynyddoedd yn ôl, roedd un o dimau'r gogledd-orllewin yn chwarae yn erbyn tîm o'r dref agosaf. Yn dyfarnu y prynhawn hwnnw roedd dyfarnwr ifanc, dibrofiad, ac o'r herwydd, roedd un o aseswyr yr Undeb ar y llinell yn arsylwi ar ei berfformiad. Cyn y gêm, eglurwyd i'r sawl oedd yn asesu fod hyd at bum aelod o bac y tîm cartref ar 'tag' ac, o'r herwydd, petai un ohonynt yn derbyn cerdyn coch, yna byddai'n rheidrwydd i roi'r wybodaeth i'r heddlu gan y gallai effeithio ar amodau'r 'tag' – hynny yw, yr amodau a osodwyd arno i'w gadw allan o'r carchar. Rhoddwyd hyn ar ddeall i'r dyfarnwr ifanc.

Gyda llai na deng munud o'r gêm wedi ei chwarae, roedd un o'r rhai a wisgai'r 'tag' ar lawr yn dyrnu un o chwaraewyr y tîm arall. Aeth y dyfarnwr ato a dangos cerdyn melyn i'r troseddwr a'i gyrrai oddi ar y cae am ddeng munud, er y gwyddai pawb fod ymddygiad mor ddifrifol yn llwyr haeddu'r cerdyn coch. Er protestiadau lu o du'r tîm arall, ymlaen yr aeth y chwarae a fe lwyddwyd i gwblhau'r gêm heb i'r dyfarnwr orfod estyn ei gerdyn coch. Yr oedd wedi cofio cyngor y sawl oedd yn asesu ond heb fod yn boblogaidd yng ngolwg y tîm arall.

Dyfarnwr arall eithaf enwog oedd y diweddar Pat Jefferson, neu, fel y byddai ysgrifennydd un o dimau'r gogledd yn ei alw, Jeff Patterson! Doedd o ddim gyda'r gorau er yn hen foi digon clên. Cofiaf chwarae mewn gêm rhwng Nant Conwy a Glannau Dyfrdwy pan aeth un o flaenwyr Nant i ffeit go lew gyda'i wrthwynebwr. Ymateb Pat Jefferson oedd, yn ei acen ysgol fonedd, 'Now then, gentlemen, can we carry on with the game?'

Ond dal ati wnaeth y ddau am dipyn wedyn.

Roedd yn byw ym mhentref Brithdir ger Dolgellau am flynyddoedd a bu i un o'i gymdogion gwyno wrtho un tro. Testun y gŵyn oedd fod Pat yn trwsio to ei dŷ ar ddiwrnod poeth ac yntau'n gwisgo dim amdano ond jocstrap a phâr o sgidiau!

Efallai mai'r dyfarnwr gwaethaf ohonynt i gyd oedd Sais o'r enw Brian Ormshire a fu'n byw yng Ngarndolbenmaen am rai blynyddoedd. Pan oedd yn dyfarnu gêm rhwng Bethesda a Phorthmadog un tro, heliodd Sbyt o Fethesda a Geraint 'Joe Lewis' o Port i ffwrdd o'r cae. Yn ôl Sbyt, 'honno oedd y gêm futra a welais i erioed'. Ar ôl y gêm, methai'r reff yn glir â deall pam roedd y ddau dîm yn gymaint o ffrindiau yn y dafarn wedi'r gêm futra y buodd yn ei dyfarnu erioed!

Yn ôl Popi (Porthmadog) byddai Ormshire yn gwneud y penderfyniadau mwya ofnadwy – a neb yn dallt pam. Yn aml, byddai'r ddau bac yn edrych ar ei gilydd gan holi 'be oedd hynna?' neu 'pam ro'th o honna?' ond doedd gan neb syniad pam. 'Ambell dro, oeddat ti'n mynd i lawr yn y sgrym heb wybod pa ochr oedd i roi y bêl i mewn.' Yn un gêm, gwnaed penderfyniad rhwng y ddau dîm – 'Ydan ni'n gwylltio efo'n gilydd am bod ni'n cael dyfarniadau gwael?

Na, 'dan ni'n cytuno mwy neu lai i anwybyddu'r penderfyniadau a chadw'n pennau – wnawn ni ddim gorffen y gêm os wnawn ni wylltio.'

Hanes arall am yr un dyfarnwr gan Popi:

Un tro, oedd o wedi chwythu am gic gosb ryw lathen o'n llinell gais ni. Dyma'n capten ni a'u capten nhw yn sefyll dros y bêl ac oedd o'n dal heb wneud ei benderfyniad. O'dd neb yn siŵr pam oedd o wedi chwythu i stopio'r gêm na phwy oedd pia hi. Dyma gapten y tîm arall yn dweud wrth Twm, ein capten ni, 'Watsia hyn rŵan.'

Dyma fo'n rhoi tap i'r bêl a chroesi dros y llinell gais. Dyma'r dyfarnwr yn chwibanu 'cais'. 'Dan ni'n dal ddim yn gwybod be oedd y drosedd na phwy oedd y troseddwr! Oeddat ti'n mynd i wylltio efo pethau felly os nad oeddat ti yn gadael i'r peth olchi drostat ti.

Ac eto am yr un dyfarnwr:

Mewn gêm rhwng Port a, dwi'n meddwl, Llangefni, roedd Alan Shields, blaenasgellwr Port, yng nghefn y llinell. Aeth y bêl dros ben y llinell am y canolwr. O'dd Alan yn gwylio'r bêl ac mi drodd rownd i gychwyn dilyn y bêl. Roedd y dyfarnwr yn sefyll yn union y tu ôl iddo ond doedd Alan ddim yn gwybod hynny. Fe'i trawodd o hefo'i gorff nes oedd y dyfarnwr ar ei din ar lawr.

Cododd y dyfarnwr a gyrru Alan i ffwrdd. O'dd o wedi ymosod arno – dyna'r cyhuddiad. Wel, oedd hynny'n golygu gwaharddiad am dymor neu fwy. Mi fuodd yna drafodaeth ddwys ym mar y Glaslyn ar ôl y gêm rhwng capten Port, capten y tîm arall a'r dyfarnwr ac fe'i perswadiwyd i newid y cyhuddiad i yrru i ffwrdd am rywbeth arall, llai difrifol. Eglurwyd yn glir iddo os y byddai'n gwrthod, yna byddai Port yn cwffio'r achos ac mi oedd y tîm arall yn barod i gefnogi Port os y byddai'r angen yn codi, achos doedd o ddim yn ymosodiad. Cytunodd y dyfarnwr i newid y cyhuddiad a dyna fu diwedd y mater.

Am fod y dyfarnwr yma'n byw yn agos (yng Ngarndolbenmaen) byddai'n dyfarnu Port yn aml, a'r ddau dîm yn ochneidio eu rhwystredigaeth wrth ei weld yn cyrraedd cyn y gêm.

Pennod 13:
Gyrru bysiau – heb ganiatad!

Mae hanesion a straeon difyr am dripiau rygbi i'r Ynys Werdd yn rhan o chwedloniaeth sawl clwb – a sawl cymuned hefyd. Cefais y pleser o fynd i Iwerddon i weld Cymru yn chwarae rygbi yno lawer gwaith ac fe sonnir am un o'r tripiau hynny mewn pennod arall. Ond mae un stori sy'n haeddu cael ei gosod ar ei phen ei hun (wel, gyda stori arall am fŷs).

Yn niwedd y ganrif ddiwethaf, roedd criw ohonom yn teithio ar y fferi i Ddulyn ar y nos Wener cyn y gêm. Gan ei bod yn rhy wyntog i'r fferi sydyn, teithiem ar y fferi fawr, a chan fod y daith yn cymryd bron i bedair awr, aeth dipyn o'r 'ffisig du' i lawr fel yr âi'r daith ymlaen.

Dod i mewn i'r *Ferryport* a wnâi'r llong ac nid i Dun Laoghaire, felly roedd angen canfod ffordd i mewn i Ddulyn. Ond roedd y cwmni wedi sicrhau fod fflyd o fysus yn ein disgwyl ac aethom i mewn i'r un cyntaf. Gan fod y bỳs yn llawn, taniodd y gyrrwr yr injan, ond, am ryw reswm, ni symudodd y bỳs, ac aeth y gyrrwr allan o'r bỳs ac i mewn i'r porthladd gan adael llond bỳs, gyda'r injan yn troi.

Roedd yn noson oer a'r gwynt yn chwythu drwy'r drws agored, felly aeth un gŵr i eistedd yn sedd y gyrrwr gan y gwyddai sut i gau'r drws. Ond yr hyn a gafwyd oedd y weipars yn symud yn ôl ac ymlaen. Wrth weld hyn, cafwyd bloedd o hwrê o'r cefn. Mae'n rhaid fod hynny, yn ogystal â'r ginis, wedi magu digon o hyder yn y 'gyrrwr' fel iddo roi'r injan yn ei gêr, gollwng y brêc ac i ffwrdd â ni!

Teithiodd y bỳs o dan ei yrrwr newydd am ryw chwarter milltir allan o'r porthladd cyn i'r gyrrwr benderfynu fod y gwaith gyrru ar ben am y nos. Wedi tynnu i'r ochr, gadawodd sedd y gyrrwr a dod i eistedd yn ei le. Aeth y rhan fwyaf allan o'r bỳs gan fynd i gyfeiriad y ddinas. Eisteddem ni, y gweddill, yno am yr hyn a deimlai fel rhai munudau ond yn siŵr o fod yn fater o eiliadau cyn i heddlu arfog ddod o'r harbwr gan amgylchynu'r bỳs. Fe glywsom wedyn fod yr IRA wedi dwyn bỳs yn y Gogledd y noson honno ac felly roedd y Garda ar flaenau eu traed rhag ofn i rywbeth ddigwydd yn y De.

Cerddodd arolygydd y Garda i mewn i'r bỳs, a'r eiliad y cerddodd i mewn, sylweddolodd nad terfysgwyr oedd y dihirod. Ei gwestiwn cyntaf oedd: 'Who's going to win tomorrow?'

Yr ail gwestiwn, wrth gwrs, oedd pwy oedd wedi gyrru'r bỳs. Atebwyd gan ddweud ei fod wedi rhedeg i ffwrdd i lawr y ffordd. Aeth yr arolygydd o'r bỳs ac ar yr union adeg, fe gyrhaeddodd y gyrrwr go iawn. Yn syth, estynnwyd y 'bag' i fesur lefel yr alcohol yn ei wynt ac es i lawr o'r bỳs i geisio arbed cam y gyrrwr druan rhag ofn iddo fethu'r 'bag'. Drwy lwc, pasio a wnaeth.

I ffwrdd â'r Garda gan adael y gyrrwr a rhyw ddwsin ohonom. Ailgydiodd yn y llyw a chychwyn am y ddinas. Roedd y sawl oedd wedi gyrru'r bỳs o'r porthladd yn teimlo'n euog braidd, felly aeth o gwmpas y bỳs i hel casgliad gan y rhai oedd ar ôl.

Y bore wedyn, yn nhafarn enwog O'Donoghues (neu 'Donald Huws' fel y galwai un o'r hogia'r lle) clywais rywun yn dweud y stori wrth ei ffrindiau wrth y bar, a'i fersiwn ef oedd fod un o'r criw wedi dwyn y bỳs gan fynd â nhw o gwmpas y tafarnau am gwrw! Onid yw'n rhyfedd sut mae stori yn tyfu wrth gael ychydig o lastig!

Mae hanes ychwanegol wedi dod i law wrth hel straeon i'r llyfr hwn. Ar y bỳs, hefyd, roedd rhai o ardal Llŷn. Wedi iddynt ddianc oddi ar y bỳs ar ôl i'r gyrrwr answyddogol stopio, aeth dau o hogia Llŷn ati i stopio car er mwyn cael reid at y gwesty lle roeddynt yn aros. Eisteddodd y ddau yn y cefn, ond, yn anffodus, yn ystod y daith fe chwydodd un ohonynt dros y gyrrwr. Gwylltiodd hwnnw, stopio'r car a'u hel allan yn nghanol nunlle!

Yn un o drefi'r gogledd, na allaf ei henwi am resymau amlwg, roedd rhai o'r tîm rygbi lleol yn yfed mewn tafarn ar y nos Sadwrn wedi'r gêm. Gyferbyn â'r dafarn roedd bỳs Crosville (fel yr oedd yr adeg honno) wedi ei barcio. Sylwodd un neu ddau fod drws y bỳs yn agored ond doedd yr un gyrrwr ynddi a dim golau arni. Aeth rhyw bump o'r hogia rygbi allan o'r dafarn ac ar y bỳs. Wedi eistedd yn y tywyllwch am ryw bum munud, sylwodd un fod y goriad yn dal ynddi.

Taniwyd yr injan, rhoi'r golau ymlaen ac i ffwrdd â nhw i lawr y brif stryd o un pen i'r pen arall. Doedd neb yn meddwl fod dim o'i le wrth weld y bỳs yn pasio, gyda'r golau ymlaen a 'phobl' yn eistedd ynddi – dim byd amlwg o'i le i dynnu sylw. Ym mhen draw y stryd fawr, roedd maes parcio a pherswadiwyd y 'gyrrwr' mai'r peth callaf fyddai parcio'r bỳs yn y fan honno

Ddoth y gyrrwr swyddogol o rywle a ffendio fod ei fỳs wedi mynd. Y peth nesa a welwyd oedd ceir yr heddlu yn chwyrlïo mynd rownd y dre i chwilio am y bỳs. Mi ffeindiwyd y bỳs yn y lle y byddai, o bosib, wedi cael ei gadael beth bynnag. Ond doedd yna neb arni erbyn hynny.

Mi fuodd yna andros o holi gan yr heddlu am dipyn ar ôl hynny ond chafodd neb ei ddal.

Adroddiadau papur newydd

Yn cyd-fynd â sefydlu llawer o'r clybiau rygbi hyn, sefydlwyd nifer o bapurau bro. Felly, yn naturiol, daeth adroddiadau a hanes gemau'r tîm lleol yn rhan o draddodiad y papurau bro. Gan fod natur gartrefol, Gymreig i'r clybiau, a phobl yr ardal yn adnabod y chwaraewyr, byddai'r adroddiadau yn wahanol i'r rhai a welid yn y papurau dyddiol a thaleithiol Saesneg. Rwy'n cynnwys dwy enghraifft yma – adroddiad cyntaf am dîm Nant Conwy a ymddangosodd yn yr *Odyn* yn Ionawr 1980, a rhannau o adroddiadau Guto Lynch am berfformiadau'r Bala yn y *Cyfnod*, papur wythnosol Penllyn.

O'r *Odyn* – Ionawr 1980

RYGBI
Allwch chi enwi rhai o glybiau enwocaf Cymru? Gallaf, meddwch, Llanelli, Caerdydd, Penybont, Nant Conwy.....................
    Pwy???
    Nant Conwy.
    Pwy ydi hwnnw?
    Criw o hogia o'r ardal, y rhan fwyaf o ffermydd pen ucha'r dyffryn ac un neu ddau o fradwyr Bro Ffestiniog. Pa bryd y daeth y clwb i fodolaeth? Wel, does 'na ddim clwb ffurfiol eto, dim ond criw o hogia brwdfrydig wedi ffurfio tîm a chwarae rhyw ychydig o gemau.
    Pa mor llwyddiannus ydynt?
    Collwyd dwy gêm ac enillwyd un.
    Pam Nant Conwy?

Fe glywsoch hanes Dafydd ap Siencyn a herwyr Nant Conwy mae'n debyg. Fo a'i herwyr yw arwyr yr hogia a fo a'u hysbrydolodd i ennill y fuddugoliaeth wrth chwarae yng nghysgod ei ogof.

Gellir dychmygu trafodaeth o'r fath rhwng Carwyn James ac Eryl Pierce Roberts ond bodlonwn ar roddi ychydig o fanylion am gêm (y gêm gyntaf un yn hanes Nant Conwy) a chwaraewyd cyn i'r Odyn fynd i'r wasg.

Tîm Cyntaf Bro Ffestiniog 30 Nant Conwy 6
Gêm a chwaraewyd ar gae oedd wedi rhewi'n galed. Roedd Bro Ffestiniog yn dîm cryf gydag olwyr oedd yn trin pêl yn effeithiol o dan y fath amgylchiadau. Difethwyd y gêm gan gyflwr y cae, ond roedd y sgôr yn agos iawn tan y deg munud olaf. Sgoriodd Myrddin ap Dafydd gais campus, wedi rhedeg cryn bellter. Troswyd gan Wyn Ty'n Pant.

Dyna hanes y gêm gyntaf un ac fe sefydlwyd y traddodiad o gysylltu enw gydag enw fferm, yn yr achos hwn Wyn Ty'n Pant. Sefydlwyd y traddodiad hwn o'r cychwyn ac mae'n dal i ddigwydd. Gan fod pawb yn adnabod yr hogia wrth enwau eu ffermydd, dyna'r peth naturiol i'w wneud yn adroddiad y papur bro. Ar ddiwedd yr adroddiad, ceir rhestr o'r rhai a fu'n chwarae i'r tîm yn ystod y tair gêm gyntaf yn hanes y clwb. Mae ugain o enwau a dim ond pedwar ohonynt sydd heb enw fferm ar ôl yr enw cyntaf.

Adroddiadau am gemau'r Bala ym mhapur _Y Cyfnod_
Deil y traddodiad cartrefol hwn, ac yn y _Cyfnod_, papur wythnosol Penllyn, mae Guto Lynch wedi datblygu ymhellach y dull o adrodd hanes gêm, gan wneud yr adroddiadau yn ddifyr o ddiddorol. Dyma gynnwys un

adroddiad llawn a phytiau o rai eraill yn mynegi barn (neu ragfarn) y gohebydd. Dônt i gyd o dymor 2016 a 2017. Rwyf wedi cynnwys yr adroddiad yn llawn am y gêm gyntaf hon yn erbyn Abergele, wedyn dim ond y cyflwyniad i bob adroddiad o hynny ymlaen:

Abergele 6 – 23 y Bala (Hydref 2016)
Does dim llawer o waith tanio tîm y Bala cyn gemau y dyddie hyn – mae 'ne adrenalin yn pwmpio drwy'r gwythiennau. Mae athletwyr yn rhoi steroids ar eu huwd i gael yr un profiad. I ystwytho'r cyhyrau a ch'nesu cyn gêm mae'n arferiad bwrw mewn i fagiau tacl ac mi roedd pawb yn meddwl bod Euros a Bedwyr, yr hyfforddwyr, wedi gosod rhain ar ochor y cae ac mi aeth y tîm ati i'w leinio'n ddidrugaredd. Ar ôl rhyw hanner awr, sylweddolwyd nad bagiau taclo oeddent, ond Cerrig yr Orsedd, sy'n sefyll yn dalsyth ar ochr cae Abergele. Roedd y pac yn meddwl mai peiriant sgrymio oedd y Maen Llog – tydy o ddim bellach yn Abergele, ond rywle yng nghyffiniau Cyffordd Llandudno! Mae John Glyn, hyfforddwr pantomeim y clwb, nid y rygbi, wedi addo dreifio lori L.E. i'w gludo'n ôl. [Gwell egluro yma fod Clwb Rygbi'r Bala wedi bod yn cynhyrchu pantomeim nifer o weithiau gydag aelodau'r clwb yn chwarae'r rhannau.] Mae 'ne frwdfrydedd mawr ym mhob dim mae'r clwb yn ei wneud y dyddie yma, boed o ar y cae neu ar lwyfan Neuadd Buddug, gan brofi fod y clwb yn rhan annatod o'r gymdeithas Gymraeg yn yr ardal. Dyma lle mae brwydr yr iaith yn cael ei hennill, wrth iddi gael ei defnyddio'n naturiol.

Braf oedd gweld y Gymraeg hefyd yn cael ei defnyddio yng nghlwb Abergele, lle'r oedd y croeso'n wresog a dim drwgdeimlad rhwng y ddau glwb, ar ôl i

Abergele gael eu lluchio allan o'r gwpan yn ddiweddar, er iddynt guro'r Bala. Dŵr dan bont a phawb yn edrych ymlaen am gêm galed eto rhwng y ddau dîm.

Amddiffyn fyddai'r allwedd i ennill y gêm yma, gan fod Abergele'n fechgyn mawr ac yn gryf gyda'r bêl yn eu dwylo. O'r eiliad gyntaf, roedd amddiffyn y Bala ar dân a rhedwyr Abergele'n cael eu hyrddio'n ôl bob tro, a llwyddwyd i'w hatal rhag cyrraedd llinell y Bala. Oherwydd hyn, digon tawel fu'r tîm cartref a rhaid cyfadde, digon di-fflach fu'r Bala hefyd, a'i chael yn anodd i greu fawr ddim. Hwyrach bod amryw ofn brifo a methu perfformio yn y panto nos Sadwrn! Bu'n rhaid setlo am giciau cosb yn yr hanner cyntaf, 3-6 i'r Bala. Cyfnod hir o amddiffyn fu'r trydydd chwarter gyda'r Bala'n ildio gormod o giciau cosb yn eu dwy ar hugain eu hunain. Er hyn, dim ond un a droswyd ac ni ildiwyd cais o gwbl, 6-6. Daeth y Bala'n ôl i'r gêm yn raddol a bu bron iddynt sgorio cais tîm gwych gan wrthymosod o ddyfnder yn eu hanner eu hunain, ond yn anffodus, bu i dacl funud ola atal y cais roedd y symudiad yn ei haeddu. Llwyddodd Rhydian efo cic gosb arall – 6-9, yna yn y deng munud olaf daeth y gêm yn fyw. Dion yn rhoi cic uchel o gefn y ryc i hanner Abergele a Rhydian ar ei hôl. Adlamodd y bêl i'w ddwylo a doedd neb yn gallu ei rwystro rhag sgorio yn y gornel a chic lwyddiannus ganddo i ddilyn.

Yna, ar ôl ennill y meddiant o'r ailddechrau, ciciodd Dion y bêl unwaith eto tuag at gefnwr Abergele a bu i hwnnw feddwl mai sebon oedd y bêl a manteisiodd Rhydian ar hyn gan gicio'r bêl yn ei blaen tuag at y llinell a bod yn gynt na neb i sgorio ei ail gais dan y pyst. Llwyddodd â'i gic i'w gwneud yn Abergele 6 – 23 Rhydian. Ond unwaith eto rhaid canmol amddiffyn y Bala, gyda'r cefnwyr a'r blaenwyr yn taclo pob dim oedd yn symud. Ond dyna fo, mae'n hawdd taclo'r cawr mwyaf pan fyddwch chi wedi bod yn ymarfer taclo Cerrig yr Orsedd! Be' ddwedai Iolo Morgannwg! Mi fuasai wrth ei fodd – ac mi fuasai wedi mwynhau'r panto hefyd, fel pawb arall. Diolch i bawb am eu gwaith caled yn sicrhau bod y clwb yn llwyddiant ar, ac oddi ar, y cae. Llangefni i ffwrdd Sadwrn nesa – cyfle i'n cefnogwyr fynd dros y bont a mwynhau sir brydfertha' Cymru. Dewch yn llu!

Sylw'r gohebydd yn ystod adroddiad ar gêm yn erbyn Bae Colwyn:

Hon oedd gêm gyntaf Bae Colwyn gartref yn y brif gynghrair ar ôl iddynt sicrhau dyrchafiad y llynedd. Pob lwc iddyn' nhw yn erbyn pawb – heblaw'r Bala! Roedd 'ne gryn edrych ymlaen ymhlith cefnogwyr Bae Colwyn at ymweliad y Bala; wedi'r cwbl, fel tref maent wedi hen arfer delio efo ymwelwyr – eu hanfon nhw i'r Sw Mynydd i wylio'r mwncïod ac i'r prom i brynu jygiau llaeth efo llun gwylan arnynt, cyn eu boddi mewn deg peint o lager a byrgers. Roedden nhw'n meddwl felly y byddai'r Bala yn eithaf hawdd i ddelio efo nhw. Ond yn wahanol i'r Brummies a'r Sgowsars, doedd tîm y Bala ddim yma i fwynhau pleserau bywyd ond i wneud diwrnod o waith. Yn anffodus hefyd i Fae Colwyn, roedd hyfforddwr newydd blaenwyr y Bala, Em Wern Buseg, yn dechrau ar ei ddyletswyddau'n helpu Gwgs. Un o deulu'r Rowlandsys ydi Em, teulu sydd dros y blynyddoedd wedi bod yn amlwg iawn ym myd barddoniaeth a cherdd dant, ond dwi'n amau rhywsut ydi Em wedi cael ei benodi er mwyn dysgu sol-ffa i'r tîm!

Fel chwaraewr, roedd ganddo galon anferthol ac mi fydd yn trosglwyddo hynny i'r tîm – mi fydd 'ne barchus ofn wrth iddo weiddi ar y lein ac nid jyst tîm y Bala fydd yn ei glywed, ond y gwrthwynebwyr hefyd oherwydd mi fydd ganddo fo rywbeth i'w ddweud wrthyn nhw hefyd, ac nid Si-Hei-Lwli fydd o! Croeso, Em.

A Bae Colwyn eto:

Mae'r panto'n mynd yn ôl ganrifoedd a mwy i gyfnod y Rhufeiniaid. Mi wnaeth clwb rygbi Rhufain ofyn i'r cynhyrchydd dawnus, Iohanws Glynws, sgwennu pantomeim yn cael hwyl am ben Iwl Cesar ac er ei fod yn andros o ddoniol, a'r Rhufeiniaid yn eu dyblau yn y Colisewm, lladdwyd pob un ohonynt ac mi gafodd Iohanws Glynws gosb waeth na'r gosb eithaf a chael ei anfon i bellafion yr Ymerodraeth – i Sir Fôn. Yn ddiweddarach, newidiodd ei enw i John Glyn a symud i fyw i Benllyn, lle cafodd rwydd hynt i barhau i sgwennu pantos yn seiliedig ar drigolion annwyl a lliwgar y Parc, y Bala, Llangwm ac ar ddihirod annifyr Llanuwchllyn. Diolch i bawb wnaeth gefnogi ac ymddiheuriadau os cawsoch eich bychanu – peidiwch ag ypsetio fel wnaeth Iwl Cesar druan! Cafodd Tony Parry a Rhys Jones gyfle i wireddu breuddwyd a dod allan o'r closet am ryw awren. Ac aiff Jac a Wil byth yn angof ac anodd fydd cymryd yr archdderwydd o ddifri yn dilyn perfformiad y RRReRRRiwr o'r Parc.

Mae pawb yn y clwb wedi mynd i ysbryd y panto'n ddiweddar a'r wythnos dwytha rhoddwyd cweir iawn i COBRA ar eu tomen eu hunain, mewn gêm agored y mae Gwgs yr hyfforddwr yn licio ei gweld.

Gêm gwpan yn erbyn Brynmawr:

Mae Brynmawr ryw chwarter awr o'r Fenni, tref yr Eisteddfod Genedlaethol eleni – nid fod tîm Brynmawr yn ymwybodol o hynny, yn ôl Tony Parry cadeirydd y Bala. Mae ei gwaddol wedi hen ddiflannu medde fo, wrth i'r syrcas flynyddol symud i Sir Fôn. Ond roedd Brynmawr eisiau profi Mr Parry yn rong. Roedden nhw wedi gwneud eu gwaith cartref yn drwyadl a ddim am i dîm diwylliedig o fro'r Pethe gael y gore arnynt. Wrth i dîm y Bala gyrraedd yr ystafell newid roedd yr adrenalin yn pwmpio ymysg chwaraewyr Brynmawr ac roedden nhw wrthi'n darllen cyfansoddiadau'r Brifwyl a nofel gwobr Daniel Owen ffwl pelt. Roedd tîm Brynmawr hefyd wedi gwisgo gwisg yr orsedd, mewn cobanau gwyn. Ond dwedodd y dyfarnwr wrthynt am gallio – dim ond cobanau gwyrdd a glas oedd ganddynt hawl i'w gwisgo fel kit, gan fod eisiau dangos parch at y wisg wen, oherwydd ei fod o wedi cael ei urddo i'r wisg wen gan yr Orsedd, a'i enw barddol oedd 'Reff o'r De'.

Ac yn erbyn Caernarfon:

Gyda Chaernarfon yn ail yn y gynghrair ac yn llawn hyder, yn enwedig ar ôl iddyn nhw guro Nant Conwy ychydig wythnosau'n ôl, roedden nhw'n ffyddiog y gallen nhw wneud i'r Bala beth mae'r gwylanod yn ei wneud ar y maes yng Nghaernarfon bob dydd – bawa ar ben pobol. Tydi cae Caernarfon mo'r lle hawsa' i chwarae arno, yn enwedig mewn gwynt cryf, gan ei fod o'n ymdebygu i allt y Coleg yn y Bala. Ond mae Caernarfon yn ei ddeall i'r dim – y cae, nid allt y Coleg – a does dim fan Arrive Alive yn y pen ucha yn dal pawb sy'n dod i'w gyfeiriad ar ormod o sbîd, neu mi fase hi'n bum pwynt am gais a chwe phwynt am oryrru! Mantais fawr arall i Gaernarfon ydi eu bod nhw wedi bod yn eitha' ffit, yn wir, ers dyddiau eu coach cyntaf, yr hen King Edward, a wnaeth adeiladu'r gampfa gyntaf yn y Gogledd, Castell Caernarfon. Roedd Edward yn gorfodi pawb i redeg i fyny ac i lawr y tyrau bob dydd a sbrintio ar hyd y waliau cyn eu hanfon allan i'r berfeddwlad i gipio ieir, geifr a sgwarnogod. Os nad oedden nhw'n gallu cwblhau'r dasg, nid g'neud deg press-up oedd y gosb, ond cael eu clymu wrth geffyl a'u llusgo o un pen i'r sir i'r llall, cyn eu darnio o flaen cofeb Lloyd George. Does ryfedd bod y Cofis 'di caledu dros y blynyddoedd a dysgu sut i edrych ar ôl ei gilydd a chyfarch pawb efo 'Su'mal c***' – o Prins Charles i Rhys Jones! Felly roedd 'ne gêm a hanner yn wynebu'r Bala.

Eto yn erbyn Caernarfon:

Dau sy'n dilyn canlyniadau clwb rygbi Caernarfon yn selog bob Sadwrn ydi Lizzie a'i mab hynaf Charles. Mae yna gryn dynnu coes rhyngddynt, gyda Charles, mewn acen Cofi, yn ffonio ei fam gan ddweud 'Sumai Co**?' a gofyn be wnaeth yr hogia heddiw yn erbyn y Wa's anwaraidd. Y bobol yma o'r mynyddoedd sy' wedi creu trafferthion i'r teulu brenhinol erioed – yn gymaint felly nes i ryw Frenin Edward o Loegr adeiladu castell a muriau rownd y dre i'w cadw nhw allan a chwalu ffyrdd a phontydd oedd yn arwain i'r dre. Ond wnaeth y cynllun ddim gweithio gan i dacsis Goddards dorri'r gwarchae a chludo pobol y berfeddwlad i'r dre ar nos Sadwrn i fwynhau'r croeso unigryw sy' yno. Mae'r Cofis yn siarad yn ddi-flewynar-dafod a dyna sut maen nhw ar y cae rygbi hefyd, yn dangos fawr o barch at y gwrthwynebwyr. Dyna mae Charlie a'i fam yn licio amdanyn' nhw, er nad ydi o'n gallu bod mor agored â nhw – mae o eto i ofyn i'w fam yn strêt pryd geith o chwarae i Gaernarfon a chael ei goroni yn frenin. 'Cau hi Co**,' ydi ymateb Lizzie, 'a cher i siarad efo dy flode'.

Tro Llandudno i fod o dan y lach y tro hwn:

Mae unrhyw le sydd â 'Llan' yn yr enw yn lle bach neis, sidêt, lle mae dynion yn gwisgo crafats a slipars. Does ryfedd i Dewi Sant ddweud wrth ei dîm o seintiau am sefydlu eglwysi yn y llefydd yma. Doedd Dews ddim yn licio llefydd swnllyd fel Rhyl, Wrecsam a Gellïoedd, gyda'u Wetherspoons a'u MacDonalds ar agor 24/7. Gwir fod y llefydd yma bellach yn Llandudno, ond tref fach neis hamddenol ydi hi. Gwell oedd gan y seintiau gaffis bach yn gwerthu pot o de a llaeth mewn jwg a brechdanau samon a ciwcymbar, lle mae gwŷr a gwragedd yn mynd am dro fraich ym mraich, gan wisgo cotiau 'his and hers' o M&S cyn dychwelyd adre at eu slipars ac yna noswylio cyn deg i'w twin beds i ddarllen y papur bro a Country Life. Roedd y Bala felly'n teimlo'n hyderus yn teithio i Landudno ond yn anffodus, nid plant bach Sant Tudno oedd yn eu hwynebu ond rhyw griw mawr oedd wedi bod yn y gampfa leol yn magu mysls ac wedi bod yn ymarfer a chael profiad o chwarae efo tîm rygbi Gogledd Cymru.

Ac eto yn erbyn Llandudno:

Ganrif a mwy yn ôl rhyw bentref bach di-nod o

bysgotwyr a mwynwyr copr ar y Gogarth oedd Llandudno. Pan aeth hi'n arferiad i bawb, heblaw ffermwyr tlawd, gael gwyliau, mi ddatblygodd Llandudno'n dref wyliau ac roedd pobol yn heidio yno o lefydd du a thywyll fel Wolverhampton, Sheffield a Llanuwchllyn ar y rheilffordd newydd. Dyma pryd yr adeiladwyd swp o westai a phromenâd oedd gyda'r hiraf yn y wlad, a oedd yn ymestyn hanner ffordd i Ynys Manaw.

Ar y prom mae sioe Punch a Judy yn dal i gael ei chynnal. Mae tîm Llandudno wedi eu trwytho yn y sioe ac yn ceisio efelychu Punch yn aml ar y cae rygbi. Maent hefyd yn hoff o'r Gogarth, lle sy'n llawn planhigion unigryw i'r ardal, fel y Cacadiawlws, hen blanhigyn bach priclyd ddaeth i'r ardal efo'r twristiaid. Ar y Gogarth hefyd mae yna eifr unigryw ac mae rhain yn gallu bod yn niwsans – tacteg sy'n handi iawn i unrhyw dîm rygbi.

Ac ar ôl curo Abertyleri mewn gêm gwpan yn y Bala:

Tref ddatblygodd fel canlyniad i gloddio pyllau glo dwfn ym mhen isaf dyffryn yr afon Tyleri, tua canol y bedwaredd ganrif ar bymtheg, ydi Abertyleri, a buan y daeth y clwb rygbi yn rhan annatod o fywyd y coliars ac yn gyfle i ollwng stêm ar ddiwedd wythnos o slafio o dan ddaear. Er cau'r pyllau glo, mae'r clwb wedi parhau, gan ymfalchïo yn ei dras diwydiannol ac mae'r gampfa wedi disodli'r pwll fel man i dyfu cyhyrau cydnerth.

Tydy pobol y Sowth erioed wedi teithio llawer i'r Gogledd; maent wedi rhyw dybio mai lle gwyllt ac anwar ydi o, lle mae dynion yn cyfeillachu efo defaid ac mai rigowt ffasiynol y dydd ydi welintons a legins. Maent hefyd o'r farn mai'r adloniant yma bob penwythnos ydi poeri baco mewn ffeiriau. Does ryfedd bod yr Hwntws yn llwyr gredu nad ydi'r Gogs yn gallu chwarae rygbi ac mai jôc yn eu barn nhw ydi i ni geisio cystadlu efo nhw. Cyrhaeddodd Abertyleri'r Bala felly yn llawn gobaith am fuddugoliaeth, er yn amheus o arferion cyntefig y bobol leol. Oherwydd cyflwr Maes y Gwyniad, penderfynwyd chwarae'r gêm ar gae'r ail dîm – cae bychan efo'r dorf yn agos iawn i'r chwarae. Roedd golwg ofnus, felly, ar dîm Abertyleri wrth iddynt droedio i'r cae a llygadu rhai o'r cymeriadau ar y lein, megis Em Wernbiseg, Porcyn a Gwgs, gan ddisgwyl iddynt boeri baco i'w llygaid unrhyw eiliad

A'i farn am ddyfarnwr yn y gêm yn erbyn Bro Ffestiniog:

Y Bala i groesi eto wedi symudiad a chyd-chwarae da a Dave Yates yn sgorio cais haeddiannol, ond er mawr sioc i bawb, gan gynnwys tîm Bro, rhoddodd y dyfarnwr gic gosb i'r ymwelwyr a gyrru un o bob tîm i'r gell gallio. Roedd y cyfan yn profi'r angen am well safon o ddyfarnu ar y lefel yma. Mae timau'n gweithio'n galed i godi lefel eu sgiliau a rhaid i ddyfarnwyr fod yr un mor broffesiynol a bod yn ymwybodol, er bod hwyl yn rhan annatod o'r gêm, nad chwarae am hwyl mae'r timau yma bellach. Un o Fethesda oedd y dyfarnwr a buddiol fyddai iddo astudio rheolau rygbi'r undeb cyn mynd i'w wely a darllen am hanes ei ardal hefyd, oherwydd does neb yn fwy na thrigolion Bethesda yn gwybod be' ydi anghyfiawnder. Ond wedi deud hynny, dylai'r Bala fod wedi ennill y gêm yma, reffarî neu beidio.

A'i farn am glwb Sgiwen a ddaeth i chwarae gêm gwpan i'r Bala:

Mae 'ne rai llefydd lle 'dech chi'n stopio'r car i ystwytho'ch coesau, gollwng gwynt a gwagio cynhwysion eich trwyn. Un o'r llefydd yma ydi Birmingham. Prif atyniad twristaidd y ddinas ydi Sbageti Jynction ac nid elyrch hardd sy'n nofio'n hamddenol ar ei chamlesi, ond trolis o'r archfarchnad. Cafodd y term 'drive-through' ei ddefnyddio gyntaf yn Birmingham. Mynd allan am bryd blasus fyddai pigo byrger i fyny yn y car a dreifio ffwrdd i rywle pleserus i'w fwyta ac yn yr un modd, noson allan fyddai dreifio i ryw dafarn, ffindio partner a mynd i ffwrdd i rywle rhamantus. Does neb byth yn aros yn Birmingham, wel, neb heblaw tîm rygbi Sgiwen, oedd dan yr argraff bod y lle yn y Gogledd ac yn agos i'r Bala! Doedd aros yn y Bala a mwynhau cymdeithasu yn y dre ddim digon da iddyn nhw. Ar ôl y gêm aethant i'r Plas Coch, llowcio eu bwyd a diflannu heb ddeud bw na be wrth neb a'i heglu hi am Birmingham. Roedd rhain hefyd yn gyfarwydd â'r 'drive-through' yn amlwg. Roedd y diffyg parch yma'n amlygu ei hun o'r eiliad y cyrhaeddodd eu bws Faes y Gwyniad. Gan fod y Bala wedi penderfynu chwarae'r gêm ar gae bychan yr ail dîm, er mwyn rhwystro Sgiwen chwarae gêm agored, roedd eu hyfforddwyr yn wallgo ac yn rhegi'n cadeirydd, Tony Parry. Dim ond y ni sy' i fod i regi Tony! Hyd yn oed ar ôl ennill, roeddent yn dal i gega a'n cyhuddo ni o dwyllo, fel tasen ni wedi chwarae efo mwy o ddynion na nhw

Ac yn erbyn COBRA (tîm o Sir Drefaldwyn):

COBRA i ffwrdd fydd hi'r wythnos nesa'. Does 'ne ddim sioe Punch a Judy yn Meifod, ond mae 'ne golbiwrs yno, sy' heb gael gwyliau, hufen iâ na chandi fflos mewn llefydd fel Llandudno erioed, felly mi fydd hon yn gêm i ddynion.

A COBRA eto:

Nid rhyw chwaraewyr Marks a Spencer's ydi COBRA ac er eu bod ar waelod y gynghrair, maent wedi rhoi gêm galed i bawb drwy'r tymor. Mae teithio dros y Berwyn fel petai'n deffro rhyw hen gynneddf ynddynt i frwydro, ond yn wahanol i Harri'r Ail a'i fyddin, aeth yn sownd mewn cors ar y Berwyn ganrifoedd yn ôl, mi gyrhaeddodd y rhain y Bala yn barod am frwydr.

Hyn am Rhuthun:

Ymhob gwlad mae 'ne gystadleuaeth rhwng dinasoedd – Rhufain a Milan, Berlin a Munich, Rhuthun a'r Bala. Mae'r ddwy dref yma'n hoffi brolio eu llynnoedd ar gyrion y dref ond dydi un Rhuthun ddim ond yn ymddangos mewn cyfnod o lifogydd! (Dim ond tynnu coes!) Pan sylweddolwyd fod pobol dduwiol a da yn ardal Penllyn, adeiladwyd coleg i weinidogion yno. Ceisiodd Rhuthun gael sefydliad tebyg, ond methwyd â ffeindio dynion da, felly adeiladwyd carchar yno. Mae gan y ddwy dref ysgolion uwchradd ac enwyd un y Bala ar ôl mynydd, ond ar ôl bryn bychan yr enwyd ysgol Rhuthun. Rhai sydd wedi eu dal yn y canol ynghanol y cythrwfwl ydi pobol Corwen, sy'n cael eu tynnu rhwng y ddwy dref, a nhw ddylai benderfynu pa un o'r trefi sydd orau. Mae angen cynnal refferendwm ar yr un diwrnod â'r un ar Ewrop. Y ddau ddewis ar y papur pleidleisio fyddai: 'A ydych chi'n hoffi'r Bala?' ac: 'A ydych chi'n casáu Rhuthun?' Lecsiwn y byddai gan bobol ddiddordeb go iawn ynddo.

Ac eto:

Mae'r gynghrair angen clwb cryf yn Rhuthun. Ond pan mae'r hyder yn isel, y Bala ydi'r lle ola' mae rhywun eisiau mynd iddo – mae eu cynffonnau'n chwifio'n uwch ar hyn o bryd na rhai heffrod Hafod yr Esgob. Problem arall i glwb Rhuthun ydi bod Dyffryn Clwyd yn lle meddal – tydy pridd dwfn, ffrwythlon ddim yn caledu dyn gan nad oes dim angen crega na cheibio mewn lle o'r fath, lle i dyfu tomatos a ffa ydi o. Does dim elltydd yn y dyffryn i ymarfer y cyhyrau – yr unig allt ydi'r un i dop dre Rhuthun ac efo caffi Costa yno'n gwerthu llymed llawn hufen a bisgedi melys, pa obaith bod yn ffit?! Mae tîm y Bala'n rhedeg i ben yr Arenig bob bore ac i ben yr Aran bob pnawn ac yn cael llond plât o gig i swper.

Llangefni:

Mae hanes yn ein dysgu mai sir i'w hofni ydi Ynys Môn oherwydd ei chysylltiad â'r derwyddon a'r llu o dduwiau yr oeddent yn eu haddoli. Yn 1942 yn Llyn Carreg Bach, pan oedden nhw'n adeiladu maes awyr Fali, darganfuwyd creiriau oedd yn mynd yn ôl i gyfnod cyn Crist. Un crair oedd cleddyf ac arno symbolau cyn oesol, yn datgan bod unrhyw un oedd yn herio rhywun o Fôn yn pechu'r duwiau ac y byddai dial. Felly roedd tîm y Bala'n bryderus ac yn ofni'r gwaethaf. Roeddent yn argyhoeddedig wrth groesi'r bont y byddai yna fellten yn taro Tŵr Marcwis ac y byddai hwnnw yn ei dro yn disgyn arnynt. Ond nid felly y bu a chyrhaeddwyd Llangefni'n ddiogel ac roedd Tony Parry'n sicir y byddai'r dial yn digwydd ar y cae rygbi. Roedd y gêm felly'n fwy na dim ond dau dîm yn wynebu ei gilydd, ond yn brawf digamsyniol o fodolaeth y duwiau. Fe fyddai'n drobwynt yn hanes dyn, gyda llygaid arweinwyr crefyddau'r byd ar faes rygbi Llangefni. Y Bala a orfu ond cyn i'r Monwysion dorri eu calonnau a dechrau melltithio'r duwiau, teg dweud nad oedd eu tîm angen ymyrraeth ddwyfol gan iddynt roi coblyn o fraw i dîm y Bala a phrofi nad oes fawr o wahaniaeth safon rhwng y timau ar y brig a'r rhai ar waelodion y gynghrair. Pob lwc i Langefni yn eu brwydr i osgoi disgyn i'r gynghrair is.

Hyfforddwr a chapten newydd:

Prif hyfforddwr newydd y Bala ydi Gwilym Jones, Hafod yr Esgob, neu Gwgs, i roi ei enw barddol iddo. Bridiwr gwartheg duon Cymreig ydi Gwgs ac mae buches y teulu'n enwog drwy'r wlad. Yn ddiweddar mae o a'i frawd wedi mentro i fyd y Charolais mawr meddalach a chael cryn lwyddiant efo nhw. O bosib, dyma yw ei weledigaeth efo'r clwb – y gwartheg duon yn asgwrn cefn i'r tîm gydag ambell i Charolais yn cael ei luchio i mewn i amrywio pethau. Y du yn gwneud y gwaith caib a rhaw a'r Charolais yn rhyw ddawnsio o gwmpas y lle. Croeso, Gwgs – rwyt ti'n adnabod y clwb fel cefn dy law a gobeithio y byddi mor llwyddiannus fel hyfforddwr ag yr oeddet fel chwaraewr. Mae gan y Bala gapten newydd hefyd, sef Ilan – pob lwc i tithe, mae'n siŵr y byddi di'n arwain drwy esiampl. I ddathlu gêm gyntaf yr hyfforddwr a'r capten newydd, cafwyd cacen siocled flasus, a fyddai wedi ennill mewn unrhyw sioe, ar gyfer paned hanner amser – arwydd o bethau i ddod, gobeithio.

Ar ôl colli i Nant Conwy yn ffeinal Cwpan Gogledd Cymru:

Llongyfarchiadau i Nant Conwy a mwynhewch y dathlu, oherwydd chewch chi mo'r profiad yma eto. Digon yw digon ac mi fydd y Bala'n barod amdanoch erbyn y tymor nesa! Mae'r ffeinals ym Mharc Eirias wedi dod yn achlysur i'r cefnogwyr ddathlu a channoedd yn tyrru yno ar ddiwedd tymor i fwynhau. Trueni na fyddai Undeb Rygbi Cymru wedi dangos parch tuag at yr achlysur a pharatoi digwyddiad i'w gofio. Mi fase rhywun yn meddwl mai Undeb y Dirwestwyr wnaeth drefnu'r bariau a phrin bod yna gynrychiolwyr ar ran yr Undeb i gyflwyno'r gwobrau. Mae'n amlwg bod y *fat cats* wedi mynd i Gaerdydd ar gostau'r Undeb i fwynhau'r rygbi yn y Stadiwm Fawr. Diffyg mawr arall ar ran yr Undeb oedd peidio hysbysebu'r gêm ar y cyfryngau cyn pacio'u siwtiau a'u teis a'i heglu hi am y De – doedd dim gair ym mwletinau chwaraeon Radio Cymru a betia' i fod 'ne fwy ym Mharc Eirias nag oedd yn gwylio ffeinal cwpan pêl-droed Cymru y rhoddwyd gymaint o sylw iddi. Mae'n bwysig i'r Undeb sylweddoli mai clybiau fel Nant a'r Bala ydi asgwrn cefn rygbi'r Gogledd ac hebddynt, ni fydd modd bwydo clwb yr RGC y mae 'ne gymaint o ddisgwyliadau ohono.

Cyn i rywun o Nant ddeud ein bod ni'n gollwrs gwael, gadewch i mi ddweud bod hynny'n berffaith wir.

Gêm olaf y tymor yn erbyn Pwllheli:

Mae'r sylw i gyd wedi bod ar Gaerlŷr yr wythnos dwytha, a'u camp yn ennill yr Uwch Gynghrair a geiriau fel 'gwyrth' yn cael eu defnyddio. Mae pob dim wedi mynd o blaid Caerlŷr fel dinas ers iddyn nhw ddarganfod gweddillion tybiedig y Brenin Richard III o dan ryw le parcio. Duw a ŵyr faint fydd cost ei docyn parcio ar ôl bod yno am ganrifoedd. Gobaith mawr clwb rygbi'r Bala yw y bydd gweddillion Owain Glyndŵr yn cael eu darganfod wrth durio seiliau yr ysgol gydol-oes newydd. Mae lle cryf i gredu mai i'r Bala y daeth o ar rhyw ŵyl y banc i fwynhau peint yn y Plas Coch ar ôl blynyddoedd o frwydro caled. Roedd o'n haeddu sesh, ond wnaeth o ddim dychwelyd i gyffiniau Glyndyfrdwy. O ffeindio ei gorff mi fydd pob dim yn mynd o blaid clybiau chwaraeon y Bala: y clwb rygbi'n ennill popeth, y tîm pêl-droed yn ennill Cwpan Ewrop a Merched y Wawr Maesywaen yn ennill twrnament ping pong Cymru.

Yn ddiweddar, aeth ei frawd Tudur ati i ysgrifennu ambell adroddiad yn y Cyfnod, fel y clasur hwn, ym mis Ionawr 2018. Gohebydd rygbi o Glwb Nant Conwy oedd wedi gyrru adroddiad am gêm rhwng y ddau dîm i'r Cyfnod yr wythnos cynt, felly credai Tudur Lynch fod yn rhaid unioni'r cam a wnaed:

Gobaith Dolgellau oedd cael yr un lwc a thîm Nant Conwy yr wythnos dwytha a chael reffarî cwbwl ddiglem ac y byddai modd iddyn nhw fanteisio ar hyn a throseddu eu ffordd allan o dwll pan fyddai'r Bala'n pwyso am gais.

Saith gwaith y troseddodd Nant Conwy ar eu

llinell eu hunain ar ddiwedd y gêm wsnos dwytha – sut na chafodd y Bala gais cosb, dim ond y Bod Mawr a ŵyr.

Roedd rhaid i mi gael deud hynny gan fod gohebydd rygbi Nant Conwy, yn anfwriadol wrth reswm, wedi 'anghofio' ei gynnwys yn yr adroddiad. Ond diolch iddynt am gael defnyddio adroddiad eu gohebydd, gan ein bod ni'n rhy ddigalon i sgwennu. Mae defnyddio adroddiad gan y gwrthwynebwyr fel rhoi hen ffrâm gwely mewn bwlch yn y clawdd – dydi o ddim yn neis ond yn gwneud y job.

Yn ôl at Ddolgellau. Pan ddaeth y reffarî allan mewn menig, codwyd gobeithion Dolgellau ei fod yn real gwlanen, rhyw athro o rywle, siŵr o fod.

Ond chwarae teg iddo, efo'r cae'n drwm a'r tymheredd o gwmpas y rhewbwynt, mi benderfynodd beidio cosbi'r naill dim na'r llall am gamgymeriadau amlwg. Ei ddwylo'n rhy oer i roi'r chwiban yn ei geg!

A chafodd wybod hyn gan griw o bensiynwyr o Lanuwchllyn oedd wedi dod am dde owt am ddim ar y bws i hen brif dref Sir Feirionnydd i ymarfer eu hiaith liwgar.

Yn ôl at y reff, mae'n chwilio am fargyfreithiwr medrus ac uchel ei barch i'w amddiffyn yn yr achos enllib.

Yna â ymlaen i adrodd hanes y gêm yn erbyn Dolgellau.

Yn anffodus, daeth yr adroddiadau hyn i ben wedi i'r *Cyfnod* newid dwylo. Y cwbl alla i ddweud wrth y ddau frawd Lynch yw iddynt geisio cael gair efo'r perchennog newydd i ddod â'r adroddiadau'n ôl – maent wedi cael eu sgwennu mor ddifyr.

Pennod 15:
Y Gogs

Hanes tîm rygbi 'Y Gogs' gan Emrys Llewelyn – allan o *Stagio Dre* (Y Lolfa).

Mae gen i bedwar crys rygbi ar y lein. Mae hanes a stori tu ôl i bob un ac mae'r straeon hynny i gyd yn deillio o hynt a helynt tîm rygbi, Y GOGS.

Tîm o hen stejars ydan ni, y rhan fwyaf wedi chwarae i dîm rygbi Caernarfon ar ryw adeg yn ystod y deugain mlynedd diwethaf.

Geriatrics o G'narfon (ac o Gymru o ran hynny) ydy'r GOGS. Mi gychwynnon ni ar y bererindod rygbïaidd hynod yma yn 1993 wrth fynychu Gŵyl Rygbi'r Byd i Hen Hogia yn Nulyn.

Ers hynny, rydan ni wedi teithio'r byd yn cynrychioli Cymru a'r Cofis a chael ambell i beint yma ac acw.

Mae rhai o'r GOGS yn eu 40au, y rhan fwyaf yn eu 50au ac un neu ddau yn hen iawn. Nid oes unrhyw enwau 'mawr' yn ein mysg, ond mae Brynmor Williams, Gareth Davies, Garin Jenkins a Jonathan Davies wedi cael gwahoddiad i chwarae i ni. Does neb wedi gwrthod ond dim ond Garin sydd wedi derbyn y cynnig.

Ar hyd y blynyddoedd Y GOGS ydi'r unig dîm o Gymru sydd wedi bod yn mynychu'r gwyliau rygbi yma rownd Ewrop a'r Byd. Ac rydan ni'n gymysgedd ryfedda o weithwyr celfi, plismyn, deintyddion, torwyr gwair, argraffwyr, gweithwyr cymdeithasol, prif weinidogion, cynhyrchwyr tedi bêrs a barwniaid cyffuriau. Na, celwydd ydi'r tri ola!

Wrth i mi syllu ar y lein ddillad a'i chynnwys daeth yr

Y Gogs

atgofion yn ôl. Y crys cyntaf i dynnu fy sylw ydy crys y Redland Crabs o Brisbane Awstralia, lle buom yn 2003. Mae'r cyfeillgarwch efo'r Crancod yn parhau er eu bod nhw dros 10,000 o filltiroedd i ffwrdd. Yn Toulouse (yng Ngŵyl y Byd yn 2001) y daethom ni ar eu traws gynta. Ers hynny rydym wedi eu gweld yn Brisbane 2003 a Chaeredin 2008 ac wedi cadw mewn cysylltiad trwy'r e-bost gwyrthiol.

Daeth rhai o'r Crancod i dref Caernarfon yn 2008 ac roedd Graham (Madog fel y'i gelwid) yn meddwl bod Porthmadog wedi ei enwi ar ei ôl! Ond does a wnelo Port ddim byd ag o. Na'r un Madog arall chwaith tae hi'n dod i hynny. Mad Dog ydi'i lysenw gan ei fod mor wyllt ar gae rygbi.

Yr ail grys ydi crys Gŵyl Goffa Bob Anderson. Roedd Bob yn ŵr busnes a chynghorydd yng Nghaernarfon ac wedi bod ar sawl taith efo ni. Daeth 6 tîm i gofio Bob ac i fwynhau 'Hwyl, Brawdgarwch a Chyfeillgarwch' (arwyddair rygbi'r hen hogia), tair o nodweddion ein diweddar gyfaill. Mae colled ar ei ôl.

Crys lliwgar iawn yw'r trydydd, a'r geiriau 'Te Puka Tavern' arno. Cartref yr 'Oil Blacks'. Tîm o Gisbourne, gogledd Seland Newydd, oedd y Blacks a ymunodd efo ni'r GOGS i ffurfio tîm ar gyfer Dulyn 1993. Fe dalon ni'r pwyth yn 1995 a theithio i wyl Christchurch. Bellach mae'r cysylltiad efo'r Oil Blacks wedi diflannu – doedd dim e-bost i gadw mewn cysylltiad bryd hynny. Ond oherwydd y cysylltiad Seland Newydd-aidd mi ddechreuon ni arddel ein Haka ein hunain. Mae'n dechrau gyda pharodi ysbrydoledig o'r Haka gwreiddiol:

'Co, ma te, Co ma te'n barod!'

Os cofiaf yn iawn roedd ein gêm ola' ni yn Christchurch yn erbyn tîm o Maoris lleol. Roedd eu llinell flaen fel rhywbeth allan o'r ffilm *Star Wars* gyda'r enwog Billy Bush (cyn-chwaraewr rhyngwladol i'r Crysau Duon) yn un o'r props. A finna yn fachwr bach glân o Gymru, mi gynllwyniodd y c'nafon i 'nhaflu i'r pwll dŵr mwya ar y cae. Wrth lwc fu dim rhaid galw'r bad achub.

Y crys olaf ar y lein ydy crys Gŵyl Ewrop 2010 pan ddaeth Ewrop i Gaernarfon i chwarae rygbi a mwynhau sieri binc a chroeso'r Cofis. Mil o bobol, 33 tîm o 15 gwlad. Mae eu straeon yn chwedlonol erbyn hyn. Y tîm o Ffrainc yn dawnsio ac yn canu yn y ffownten ar y Maes yn eu tronsia. Tîm o Sbaen, oedd yn aros yn Llanberis, yn cynnal barbeciw anferth gan wahodd dwsina o bobol leol i'w fwynhau. Cymaint y wledd, yn wir, fel nad oedd gan gigydd Llanbêr yr un darn o gig ar ôl yn ei siop. Aeth tîm o'r Swistir i fwyty ar y Maes ac archebu 10 cimwch o Ben Llŷn. Cystal oedd y rheiny nes gofyn am 10 arall. Yfwyd pob potelaid o win coch oedd yn yr adeilad namyn dwy – blêr iawn – ynghyd â dwy botelaid o wisgi Penderyn. Mae pobol dre yn dal i ofyn pryd ma'r hen chwaraewyr rygbi 'na'n dod yn ôl.

Pedwar crys yn sychu'n braf a'r pedwar efo'i stori ei hun – ar ôl bod ar gefn un o'r GOGS a chael gweld y byd. Wrth wneud hynny, mae cyfle i gyfarfod a dod yn fêts efo pob math o bobol, yn cynnwys koalas ar adegau. Cefais y pleser o gydlo Opera yn Sw Brisbane a thalu am y fraint. Mae'r arian i gyd yn mynd tuag at gadw coedwig ewcalyptws, sef bwyd y creadur hyfryd yma. Yr unig ddrwg yw, tydy Opera erioed wedi ffonio, e-bostio nac anfon llythyr ataf!

Be'n union ydi'r Gogs?
Tîm rygbi i hen begors ('Golden Oldies' yw'r term yn Saesneg) ydi'r GOGS ac mae gwyliau a chystadlaethau lleol, Ewropeaidd a byd-eang wedi bod yn cael eu cynnal ers dros chwarter canrif i gyn-chwaraewyr sy'n dal i feddwl eu bod nhw'n gallu chwarae rygbi!

Y tro cynta hwnnw yn Nulyn yn '93, mi gawsom ni'r GOGS gymryd rhan am bris gostyngol am ein bod ni'n lleol, dim ond 55 milltir fel hed y fran. Ers hynny, mi fuom ni yng Ngwyliau'r Byd yn Christchurch, Vancouver, Cape Town, Brisbane a Chaeredin heb sôn am y gwyliau Ewropeaidd yn Benidorm, Zurich a Madeira. Mi gawsom ni'r fraint (a'r cur pen) o gynnal yr Ŵyl Ewropeaidd ein hunain yn 2010. 'Dan ni wedi bod yn Bethesda unwaith neu ddwy hefyd!

Ydy'r rheolau yn wahanol i hen ddynion felly? Yn syml, ydy! Mae'n rhaid i bawb fod dros 35 oed ac mae oedran y chwaraewyr yn cael ei nodi gan liw eu siorts:

35–45 – Siorts Gwyn
45–55 – Siorts Du
55–65 – Siorts Glas
65+ – Siorts Coch (chewch chi ddim taclo rhywun mewn siorts coch)

Siorts Aur neu Felyn – dim hyd yn oed cyffwrdd y rhain. Maent yn hynafol iawn!

Does dim gwthio yn y sgrymiau ac ni chaniateir cicio.

Mae dau hanner, yn para rhyw chwarter awr yr un ond fe ellir cael chwarter awr arall os yw pawb yn fyw ac yn cytuno.

Roedd y chwaraewr hynaf yn Christchurch (1993) yn 93. Felly mae gobaith i mi eto!

Myrddin ap Dafydd
– Y Gogs a'r Hwntws

Wrth i rygbi clybiau'r gogledd-orllewin ddatblygu, o dro i dro daeth cyfle i gymharu safonau drwy chwarae ambell gêm yn erbyn timau o dde Cymru. Trip i'r de a chwarae gêm yn y Cymoedd cyn gêm ryngwladol yng Nghaerdydd fyddai'r patrwm ar adegau, ond rhoddodd Cwpan y Bragwyr gyfle da i'r Gogs herio'r Hwntws mewn gemau cystadleuol, caled.

Ar ddechrau'r 1980au, trechodd Nant Conwy glwb Dowlais mewn gêm fwdlyd ar ddechrau Rhagfyr yn Nyffryn Conwy. Roedd gweld y chwaraewyr yn dod oddi ar y bỳs wedi taith hir o ardal Merthyr yn olygfa fythgofiadwy. Edrychent o'u cwmpas ar y wlad ddieithr a llechweddau'r dyffryn gyda rhyfeddod. Doedd y rhan fwyaf ohonynt erioed wedi bod yn y 'Gogledd' o'r blaen. Roedd hanner awr yn y bỳs cyn gêm yn cael ei ystyried yn bell iddyn nhw. Roeddan nhw wedi cael eu siglo a daeth yr olygfa yn ôl i'r cof wrth siarad efo hogiau lleol yng Nglyn Ebwy yn ystod yr Eisteddfod honno yn 2010, a'u sylw treiddgar: '*You come from North don't you? It's cold up there, isn't it?*'

Chwarae teg i Dowlais, wnaethon nhw ddim dal dig. Ar ôl tynnu'r enwau o'r het ar gyfer y rownd nesaf, gwelwyd fod yn rhaid i Nant deithio i dopiau Cwm Nedd i chwarae Banwen. O fewn dim, roedd ysgrifennydd clwb Dowlais yn ffonio'r Cwîns yn Llanrwst yn cynnig bod Nant yn teithio i lawr yn gynnar yn y bore, ac ar ôl y farathon bỳs yn treulio dwyawr yn ystwytho'r pengliniau ar feysydd

Dowlais, a bod y rhai oedd yn dymuno gwneud hynny yn ystwytho'r penelinau ym mar y clwb. Croesawgar iawn, chwarae teg. Mi fu'r amser hwnnw o fudd i'r chwaraewyr ac yn dipyn o hwyl i'r cefnogwyr. Wrth i rai fynd am y bar, daeth ysgrifennydd Dowlais at drefnydd gemau Nant Conwy:

'Humphrey – we've got a Committee Room through that door and a few things laid on for your Committee, so they don't have to stay in the Players' Bar.'

'Our committee are all playing!' oedd ateb Wmffra Bach.

Wrth i'r bỳs fynd yn ei blaen am dopiau Cwm Nedd, tro chwaraewyr Nant oedd hi i ddistewi a rhyfeddu. Gadawyd y caeau glas ar ein holau yng Nglyn-nedd. Straffaglu i fyny'r llechwedd a heibio gwaith glo anferth yr Onllwyn a dim i'w weld rŵan ond corstir brwynog a chrawcwellt melyn, garw at y gorwel. Toc, dacw un stryd o dai yn torri'n rhes ar hyd y ffêg. Roedd fel golygfa o un o ffilmiau Clint Eastwood. Wrth ochr y stryd, roedd un cae glas – yr unig gae glas am y gwelech chi. Ar hwnnw yr oedd pyst rygbi Banwen. Roedd pawb oedd yn byw yn y rhes eisoes yn sefyll rownd y cae. Petai Nant wedi ennill y gêm honno, does wybod beth fyddai hanes bỳs Llew Jones, Llanrwst.

Colli 9-6 mewn gêm galed a thyn fu hanes Nant. Y caledwch ar y cae'n troi'n gyfeillgarwch cynnes ym mar y Clwb, sef tafarn yng nghanol y rhes ym Manwen. Un o chwaraewyr gorau'r clwb lleol oedd yr wythwr – roedd o ym mhob man, o dan bob pêl oedd yn cael ei chicio ac o flaen pob rhedwr oedd wedi torri drwy fwlch yn eu lein. Yn y bar, roedd o wrth y bar a'i fraich am wddw uffar o bishyn.

'Hi!' meddai wrth un o ganolwyr Nant. 'Good game out there! Here – meet my girlfriend, Mandy.'

Sgwrsio am dipyn. Yna, dyma'r wythwr yn dweud, 'Oh look, my wife's over there – come and meet her as well ...'

A ffwrdd â nhw, efo'r seren lleol efo'i fraich am yr hen Mandy brydferth o hyd, i ysgwyd llaw efo'r wraig. Nid yn unig ar y cae roedd yr wythwr ym mhob man, yn amlwg.

* * *

Tymor 2012-13 oedd y cyntaf i Rygbi Gogledd Cymru 1404 chwarae yng nghynghrair Dwyrain 1, oedd yn golygu taith bob yn ail benwythnos i wahanol gaeau ym Morgannwg a Gwent. Y Medi braf hwnnw, roedd y gêm oddi cartref gyntaf iddynt yn erbyn Gilfach Goch, ym mlaenau'r Rhondda Fawr. Cyn mynd ar y bỳs hyd yn oed, roedd yna straeon drwgdybus am Gilfach Goch. Fanno roedd y ffordd yn stopio. Ded-end, reit ym mhen ucha'r cwm. Tir

Stadiwm Parc Eirias, cartref Rygbi Gogledd Cymru neu RGC 1404

ryff, caled – a'r bobl yn waeth na hynny. Doedd y plismyn ddim yn trafferthu mynd yno: 'We leave them to sort it out themselves.'

Dringodd bỳs y Gogleddwyr i fyny drwy'r pentrefi traddodiadol ac yna dros y tir agored garw am Gilfach Goch. Stadau tai, ac wrth i'r bỳs ddod ar hyd y ffordd roedd plant bach yn rhedeg allan o weddillion y drysau ffrynt i godi dau fys ar y Gogs ac i wneud 'mŵnis'. Newid ac allan ar y cae. Ymysg y dorf ar yr ystlys roedd 'na ddyn ar gefn ceffyl sipsiwn, yn noeth at ei ganol. Mi fu yno hyd ddiwedd y gêm. Y teimlad roedd y Gogs yn ei gael oedd fod yna wersyll efo cannoedd o rai hanner noeth tebyg iddo ar gefn merlod gwyllt jyst yr ochr arall i'r bryn a'i waith o oedd carlamu i ddweud fod eu hangen 'tae pethau'n digwydd mynd yn flêr i'r tîm cartref!

*   *   *

Mae'r Gogs yn cael eu gweld gan yr Hwntws fel rhai sydd wedi ymyrryd efo'u pot mêl nhw ac wedi bachu peth o'r cyfoeth oedd, go-iawn, yn perthyn iddyn nhw. Un o'r timau cystadleuol iawn yn y gynghrair gyntaf oedd Ystrad Rhondda. Eu cwyn byth a hefyd oedd bod y Gogs yn cael llawer gormod o bres gan Undeb Rygbi Cymru – heb ystyried mai ar gostau teithio bob yn ail benwythnos i chwarae clybiau 'run fath â nhw yr âi'r rhan fwyaf o grant yr Undeb. Na, doedd dim dadl am y peth – lladron barus oedd y Gogs, yn hawlio eu siâr nhw o'r gacen. Yn rhaglen swyddogol y gêm yn Ystrad Rhondda, dyma sut y croesawyd y Gogs i'r cwm am y tro cyntaf: 'We'd like to extend a warm welcome today to the Colwyn Bay Bandits ...'

*   *   *

Y dyfodol yn Nant Conwy

Yn Ebrill 2017, roedd Rygbi Gogledd Cymru yn chwarae yn erbyn Pontypridd yn y Stadiwm Genedlaethol yng ngêm derfynol Cwpan Cymru. Roedd rhesaid o gefnogwyr Pontypridd y tu ôl i resaid o gefnogwyr o'r Gogledd.

    – Pas ymlaen, sgrym yn erbyn y Gogledd, meddai'r dyfarnwr.

    – 'You should learn the rules before coming down here to play,' yw'r waedd gan un o'r rhes o Bontypridd.

    – Cic gosb yn erbyn Pontypridd. (Dim smic gan res Pontypridd).

    – Sgrym yn erbyn Pontypridd. (Dim smic gan res Pontypridd).

    – Cic gosb yn erbyn y Gogs. 'You should learn the rules before coming down here to play ...'

Pennod 17:
Yn ôl i Fro Ffestiniog

Yn y gyfrol hon, mae hanes y clybiau yn dechrau gyda Bro Ffestiniog, gan mai gyda'r clwb hwn y dechreuais chwarae rygbi o ddifrif. Felly, mae'r bennod hon yn cloi'r gyfrol drwy gynnwys atgofion gan ddau o 'hen bennau' Bro Ffestiniog, dau y bûm yn chwarae rygbi gyda hwy a dau sy'n dal yn ffrindiau i mi ers y dyddiau hynny yn saithdegau'r ganrif ddiwethaf. Y ddau yw Tony Coleman, sy'n Llywydd clwb Bro Ffestiniog ar hyn o bryd, a John Heath.

Bûm yn hel atgofion gyda nhw yn nhafarn y Meirion ym Mlaenau Ffestiniog, gan ganolbwyntio ar y cyfnod wedi i mi adael a symud i Nant Conwy.

Tony Coleman (chwith) a John Heath

168

(Tony Coleman – TC, John Heath – JH)

TC: Oedd Bro Ffestiniog newydd gychwyn pan wnes i ddechrau chwarae ym 1973. Mi rydw i'n dal efo'r clwb ers pedwar deg pump o flynyddoedd. Dros y blynyddoedd, dwi wedi gwneud llawer o ffrindiau ac wedi dod ar draws cymeriadau fel Sbyt, Sgwbi Dw a Wil Bing i enwi ond tri. Dwi'n cofio un ymarfer pan ddaru Myrddin (ap Dafydd) a minnau fynd yn erbyn ein gilydd – taro'n pennau a gorfod mynd i gael pwythau. Yn y Cwm (Commercial) wedyn, oedd y ddau ohonom efo bandej am ein pennau.

JH: Oeddwn i'n gweithio i ffwrdd pan ddaru'r clwb gychwyn a dim ond ar ôl dod adref i weithio ddaru mi ddechrau chwarae.

TC: Yn Pont y Pant oeddan ni'n chwarae ar y dechrau ac mi oedd yna ryw *paddling pool* plastig o dan y gawod i ddal y dŵr. Oeddan ni'n cael dŵr poeth o'r hostel ar draws y ffordd ond oedd hi'n anodd cael lle i folchi ynddo efo criw o'r ddau dîm. Dwi'n cofio Twm Locs (prop Harlech ac wedyn Rhuthun) yn deud, 'Ffwcio hyn,' ac allan a fo, a hynny yn nhywydd oer mis Tachwedd, yn ei jocstrap ac i'r afon i folchi.

Dwi'n cofio stori arall am rai o hogia Harlech oedd yn chwarae i Ruthun ac yn mynd dros y Migneint am Ysbyty Ifan ar y ffordd i'r gêm. Mi dorrodd y car i lawr ac mi oedd hi'n andros o dywydd mawr. Dyma'r gyrrwr yn agor y bonet ac yn dweud wrth un o'r lleill:

'Cyfra'r plygs i mi gael nôl côt o'r bŵt i roi drostyn nhw'.

Pan ddaeth y gyrrwr yn ôl, dyma hwn yn dweud, 'Pedwar'.

'Be?'

'Pedwar. Cyfra nhw ddudist ti, de!'

Y trip cyntaf gafodd y clwb oedd yn 1983/84 i'r Iseldiroedd a Ffrainc. Oedd yna ryw dri deg ohonom o bob oed, gan gynnwys hen gefnogwyr. Oeddan ni'n cael andros o hwyl, pantomeim go iawn. Mi gawson ni groeso yn Arnhem a chael hwyl ar ôl y gêm – pawb yn chwil gaib. Oedd gan y gyrrwr gorn mawr swnllyd ar y bỳs a mi ganodd hwnnw i'n hel yn ôl ar y bỳs.

Aethon ni drwy wlad Belg am Ffrainc, wedyn. Dwi'n cofio fod y gyrrwr wedi mynd i lawr lôn anghywir – i lawr lôn beics! A beics yn dod i gyfarfod y bỳs a'r gyrrwr yn canu'r corn ac yn mynd trwy ganol y beics i'r diawl.

Mae ganddon ni'r 'Twat of the Match' fel nifer o glybiau eraill ond yn wahanol i nifer o'r lleill sydd wedi stopio, mae Bro yn dal i'w neud o. Yn y cychwyn, gorfod yfed peint i lawr mewn un oedd o, ond erbyn rŵan, yfed peint a Bailey's ynddo fo mae'r 'Twat of the Match'. Mae'r Bailey's yn suro'r cwrw'n syth ac mae fel yfed *clotted cream*. Mae 'na hen gyfogi ar ei ôl o – ti'n gorfod ei gnoi o, fel lobsgows.

JH: Dydi chwaraewyr heddiw ddim yn yfed hanner cymaint ar ôl gêm ag yr oeddan ni. Mae'r cwrw'n ddrutach heddiw.

TC: Ond mae'r gêm wedi newid ers hynny. Dwi'n cofio mewn sgrym unwaith, dwi ddim yn cofio pwy roeddan ni'n chwarae, mi ddaeth yna droed drwy'r sgrym o'n hochor ni. Wna'i ddim enwi'r chwaraewr ond ail reng oedd o. Mi giciodd wythwr y tîm arall yn y sgrym. Yr adeg honno roedd pob math o bethau'n cael eu gwneud, ond oedd cicio wythwr y tîm arall mewn sgrym yn uffarn o gamp. Sut ddiawl ddigwyddodd o, dydw i ddim yn siŵr.

Pan o'n i'n chwarae, oedd hi'n gêm galed gyda dipyn o waldio a slapio slei. Rŵan mae'r gêm yn llawer cyflymach ac yn galetach a chei di ddim gwneud y pethau oeddan ni'n eu gwneud amser hynny. Oeddat ti'n cael mynd â'r prop i lawr a phethau felly. A'r pac yn mynd i lawr i'r sgrym cyn fod y pac arall yn barod er mwyn ennill pêl sydyn. Chei di ddim gwneud hynny rŵan. Mae'r gêm wedi gwella ac yn llawer cynt nag yn ein hamser ni.

Cofio ni'n chwarae yn erbyn Cwmtyleri mewn gêm gwpan ar gae Tanygrisiau. Es i mewn i'r sgrym gyntaf – argol, doeddwn i ddim yn gwybod be ddiawl oedd wedi fy hitio i. Oedd fy llygaid i ar dân a bu'n rhaid i mi fynd i ffwrdd oddi ar y cae am driniaeth. Doedd eilyddio ddim yn cael ei ganiatáu yr adeg honno, felly roedd Bro i lawr i 14 dyn nes oeddwn i wedi cael triniaeth. Oedd yn rhaid cael golchi fy llygaid a bob dim i'w sychu nhw.

Erbyn deall, beth oedd y bachwr wedi ei wneud oedd rhoi *vaseline* ar ei dalcen a rhoi 'Deep Heat' ar hwnnw, felly oedd o wedi rhwbio hwnnw i'm llygaid. Doedd ryfedd eu bod yn llosgi. Oedd o wedi difetha fy ngêm i gyd. Oeddan nhw'n hen bennau ac yn gwybod y triciau i gyd.

Aethon ni i'r wyth olaf yn y Gwpan yn '93 a chwarae Glyncoch, tîm o ardal Pontypridd, yn Nhanygrisiau. Ar y dydd Mercher cyn y gêm mi ddaeth hi'n eira mawr, ac er yr holl ymdrechion i glirio'r cae, bu'n rhaid ei gohirio. Erbyn dydd Sadwrn, oedd yr eira wedi mynd! Pan wnaethon ni chwarae'r gêm, mi ddaeth hi'n ffasiwn law, ond rhaid oedd chwarae'r gêm. Colli fu'r hanes 12-8 mewn gêm agos ond oeddan nhw'n dîm o hen bennau ac yn gwybod beth oeddan nhw'n ei wneud. Roeddan nhw wedi bod yn ymarfer gyda Phontypridd a Dale McIntosh wedi bod yn mynd â nhw drwy'u pethau.

JH: Cofio chwarae gêm gwpan yn erbyn Pont-iets ac aros i lawr yn Llanelli mewn gwesty bach. Erbyn diwedd y nos oedd pawb yn yfed yn y bar i lawr y grisiau a dyma rhywun yn taflu gwydr a'i dorri yn erbyn y wal.

Aeth dynes y lle yn lloerig. Mi gaeodd y bar a galw'r heddlu.

Aeth pawb i'w gwlâu. Ychydig bach wedyn, dyma'r heddlu yn mynd o gwmpas y llofftydd i chwilio am yr un oedd wedi taflu'r gwydr. Doedd dim golwg ohono a phawb yn gwadu mai nhw wnaeth. Oedd yna gymaint o bobl yn cysgu ar lawr y llofftydd fel ei bod hi bron yn amhosib cael hyd i'r un a wnaeth.

Wrth fynd am y bỳs, dyma'r heddlu'n dod yn ôl ac yn gwrthod gadael i ni fynd oddi yno hyd nes oedd y sawl a daflodd y gwydr wedi rhoi ei hun i fyny. Mi ddaru hwnnw ddiflannu o'r golwg ac oedd yr heddlu yn gwrthod gadael i ni fynd adref.

Roedden ni wedi dod i adnabod Norman Gale (cyn-fachwr Cymru) oedd yn cadw tafarn y White Horse a dyma'i ffonio fo i ofyn a fydden ni'n cael mynd yno i aros nes hyd nes oedd yr heddlu wedi ffeindio pwy wnaeth. Mi gawson ni gwrw a chinio dydd Sul yn y dafarn. Mi drodd yr un euog i fyny a mynd i swyddfa'r heddlu i wneud datganiad. Wedyn, tua dau o'r gloch y prynhawn, mi gawson ni adael Llanelli.

Un o'r tripiau tramor y bu'r ddau yn sôn dipyn amdano oedd hwnnw i'r wlad oedd ar y pryd yn Tsiecoslofacia ond sydd, erbyn heddiw, yn ddwy wlad – Gweriniaeth Tsiec a Slofacia.

TC: Dwi'n meddwl mai yn 1987 yr aethon ni i Tsiecoslofacia. Oeddan ni'n chwarae yn erbyn Sparta Prâg a Brno. Gaethon ni goblyn o chwip dîn gan Brno. O'n i'n chwarae bachwr ac yn cael fy nyrnu gan yr ail reng 'ma a'n hail reng ni yn dyrnu'n ôl. Oeddwn i yn y canol â 'mreichia ar led yn methu gwneud dim byd, a dyma ddweud wrth ein hail reng ni:

'Stopia wir dduw, dwi fel Iesu Grist efo mreichia' ar led!'

Oedd fy nhrwyn i'n rhacs ar ôl y dyrnu.

JH: Roedd y gêm gyntaf yn erbyn Sparta Prâg. Aethon ni i'r clwb i gael gweld y lle. Mi wnaethon ni arwyddo llyfr yn y clwb. Bro Ffestiniog oedd y clwb cyntaf o ogledd Cymru i chwarae yno. Ar y dudalen gyferbyn, roedd Manchester United wedi arwyddo'r llyfr (wedi chwarae yn erbyn tîm pêl-droed Sparta Prâg yng Nghwpan Ewrop).

Gawson ni hwyl yn Prâg wrth fynd o gwmpas y tafarnau a'r clybiau nos. Rhyw bum ceiniog oedd pris peint yno yr adeg honno. Doedd dim Saesneg yn unrhyw le ond mi oedd Cisco, ein prop, yn gallu siarad Almaeneg – neu dyna ddeudodd o! Oeddan ni wedi hel tab go lew yn un lle (talu ar y diwedd oedd hi ym mhob man) a dyma Cisco yn gofyn am y bil mewn Almaeneg. Mi ddoth y wetar yn ôl a llond tre o gnau mwnci! Sut oedd Cisco wedi cymysgu rhwng 'bil' a 'chnau mwnci' dwi ddim yn gwybod ond fuon ni yno am hanner awr arall yn bwyta'r blydi cnau ac yn gorfod talu amdanyn nhw hefyd.

Wedyn aethon ni o Prâg i Brno. Wedi cyrraedd fanno ar ddiwrnod poeth, neis, dyma fynd am beint heb wneud dim ond taflu'r cesus yn y llofftydd yn y gwesty. Ar ôl yfed cwrw, dyma yfed diodydd lleol fel Slivovits. Yna, dyma'r barman yn dod â rhyw ddiod – oedd o fel ffisig yn ddu bitsh. Oeddat ti'n cael rhyw swig ohono fo ac mi oeddat ti'n teimlo fod dy ben yn chwalu. Uffarn o stwff cryf.

Ar ôl yfed dipyn o'r stwff du 'ma, dyma Cisco yn penderfynu ei fod eisiau prynu diod i bawb yn y lle. Dyma fo at y barman:

'For the sake of international peace, I'd like to buy all my friends a drink.'

Oeddan ni ond wedi dod allan am ddiod sydyn ar ôl

cyrraedd a heb ddod â llawer o bres gyda ni. Dyma Cisco yn gofyn i drysorydd y clwb am bres i dalu ond hwnnw'n gwrthod. Mi aeth y trysorydd yn ôl a'n gadael ni yno. Mi oedd yn rhaid i un o'r hogia fynd yn ôl i'r gwesty i nôl pres.

Ar ôl talu, aethon ni allan o'r dafarn a dyma'r awyr iach yn hitio Cisco ar ôl iddo yfed y ddiod ddu 'ma. Dyna lle'r oedd o, yn gorwedd ar ganol y sgwâr ar bot blodau yn cysgu'n braf!

TC: Oedd yna griw ohonon ni wedi bod ar y cwrw un diwrnod yn ystod y daith ac wedi cael diawl o foliad. Oedd fy mhengliniau wedi rhoi a dyma Dafydd James, clamp o ail reng, yn cydio ynof a'm rhoi dros ei ysgwydd. Dyma fo'n cerdded dros y ffordd 'ma yn lle dilyn y ffordd a mynd rownd. Camu dros y *barriers* a chroesi'r ffordd. Mi ddaru'r ddau ohonon ni gael ein stopio. Oherwydd effaith y cwrw, doeddwn i ddim callach wrth orwedd dros ysgwydd Dafydd. Mi gawson ni ddirwy ein dau am fod ar y ffordd.

JH: Un da oedd Dafydd am gario pobol. Dwi'n cofio taith i Majorca ac ar ôl gêm mi oedd Sbrowts, un o'r hogia, wedi yfed potel o ryw stwff gwirion. Pan ddaeth hi'n amser mynd, dyma Dafydd yn ei gario fo dros ei ysgwydd yn ôl i'r gwesty. Peth nesa', dyma uffarn o floedd a Sbrowts ar lawr, wedi cael ei daflu oddi ar ysgwydd Dafydd. Oedd Sbrowts wedi piso yn ei drowsus a Dafydd yn wlyb domen.

TC: Yn Prâg, oeddan ni'n aros mewn neuadd coleg ac yn talu tua pum ceiniog y peint yn y tafarnau. Oeddan ni'n cael dimeiau o newid – oedd y newid yn werth dim, bron. Dyma pawb yn dechrau taflu'r dimeiau allan o'r ffenast llofft. Oedd yna griw yn begera ac yno fel chwain yn hel y pres. Doedd o ddim llawer i ni ond yn dipyn iddyn nhw.

JH: Oeddan ni'n newid pres ar y *black market* ac yn cael tair neu bedair gwaith y gwerth swyddogol. Oedd y clwb lle oeddan ni i chwarae yn trefnu i rywun ddod yno i newid y pres. Cafodd bỳs ei drefnu i'n rhedeg yn ôl ac ymlaen yn ystod y daith, a theulu bach yn gwneud efo'r clwb rygbi oedd yn rhedeg y bỳs. Erbyn diwedd y daith, dyma hel pres i'r gyrrwr – pawb yn rhoi'r newid mân yn y casgliad iddyn nhw. Wrth dderbyn y pres, dyma'r gyrrwr yn beichio crio achos mi oedd y casgliad yn golygu rhywbeth fel dau fis o gyflog iddo fo.

Doedd gan Cisco ddim llawer o bres ac roedd o wedi menthyg pres gan ei ffrindiau i fynd ar y daith. Oedd o wedi prynu anrhegion i ddau ffrind, gan gynnwys potel o Slivovits. Hefyd, roedd wedi prynu ffrog i'w ferch.

Wrth aros am y cesys yn Heathrow, oeddat ti'n clywed yr ogla a'r ces yn dripian ar y *carousel*. Roedd ffrog y ferch wedi ei golchi efo'r Slivovits!

Mi fuon ni ar daith arall y tu ôl i'r Llen Haearn, hefyd. Oedd yna dafarnwr o ochrau Llanelli â chysylltiadau efo Tsiecoslofacia a Hwngari ac yn gallu trefnu timau i fynd yno. Does ryfedd iddo gael ei alw yn 'Jones the Spy'!

Dyma fo'n trefnu taith i Hwngari i ni ac awgrymu wedyn ei fod yn cryfhau'r tîm drwy ddod â dau ifanc o Lanelli ar y daith. Un ohonyn nhw oedd Sean Gale, mab Norman Gale, cyn-fachwr Cymru.

Ar ôl cyrraedd Hwngari, dyma ymarfer llinellau er mwyn i'r ddau yma ddod i ddallt y cod a gweld sut oedd hogia Bro yn chwarae. Ryw chwarter awr i mewn i'r ymarfer, dyma Sean Gale yn troi ei droed, ac ar faglau y buodd o am weddill y daith.

Oeddan ni mewn clwb nos yn Budapest ar ddiwedd noson, ac oedd Sean Gale yn pwyso ar wal y tu allan i'r clwb yn aros i bawb arall ddod allan. Oedd o wedi cael 'Twat of the Match' am frifo ei droed heb chwarae gêm a beth oedd yn cael ei wneud oedd rhoi tancard yn sownd i'w arddwrn efo tsiaen fel ei fod yn gorfod yfed pob peint o'r tancard yma.

Oedd o'n sefyll y tu allan ar ei faglau a'r tancard yn ei law. Mi oedd pobol dlawd y ddinas yn rhoi ceiniogau yn ei dancard – yn pitïo drosto fo!

TC: Mi ddaeth yna hogyn o Awstralia i chwarae i ni yn ystod y nawdegau. Dave Nichol oedd ei enw, o Coffs Harbour. Pan gyrhaeddodd ym mis Medi doedd y tywydd ddim yn rhy ddrwg ac mi oedd o'n chwaraewr bach sionc. Ond fel oedd y tymor yn mynd i fis Ionawr, roedd y creadur wedi gwisgo cymaint o ddillad nes oedd o'n edrych fel arth o'r Antarctig. Roedd o hefyd wedi gyrru at ei fam i ofyn iddi yrru *wet suit* iddo am ei bod hi mor wlyb yn Blaenau. Mewn gêm yn erbyn y Bala, dyma fo'n cymryd cic am gôl a methu. Am hynny, ar ôl y gêm cafodd ei daflu i'r llyn a doedd o ddim yn rhy hapus am hynny! Ond trwyddo fo y trefnwyd trip i Awstralia gan chwarae tair gêm – yn Sydney, Coffs Harbour ac un lle arall. Oedd y trip wedi costio'n ddrud ac fe gymrodd hi rai blynyddoedd i'r clwb glirio'r ddyled.

Diweddglo

Wedi hel cymaint o atgofion am y clybiau a sefydlwyd yn saithdegau ac wythdegau y ganrif ddiwethaf yng ngogledd-orllewin Cymru, mae angen cau pen y mwdwl drwy edrych ar gyflwr y clybiau heddiw. O'r wyth clwb dan sylw yn y gyfrol hon, Porthmadog yw'r unig un ohonynt sydd heb ddatblygu i'r graddau y gwnaeth y lleill. Am wahanol resymau, rhyw fodoli'n achlysurol y mae tim y clwb hwn ac er ymdrechion ambell unigolyn, mae gen i ofn ei bod hi'n ymddangos nad oes llawer o ddyfodol i'r clwb ar hyn o bryd.

Am y gweddill, mae'r patrwm wedi ei osod ers tro byd a'r clybiau yn hybu rygbi ar bob lefel – o dimau oedolion a merched i rygbi plant ac ieuenctid. Yn aml iawn, mae'r un rhai wedi bod wrth y llyw ers rhai blynyddoedd – a hynny wedi iddynt chwarae i'r clwb o'r dechrau. Enghraifft dda o hyn yw Tony Coleman o glwb Bro Ffestiniog a fu'n chwarae o gyfnod cynnar yn hanes y clwb ac sydd erbyn heddiw yn Llywydd ar y clwb. Mae'r un sefyllfa'n bodoli mewn clybiau eraill.

Mae'r teyrngarwch i'r clybiau yn hollol amlwg ymysg llawer o'r cyn-chwaraewyr ac enghraifft berffaith o hynny yw teulu Hafod Ifan o Ysbyty Ifan yng nghlwb Nant Conwy. Wedi i Merêd chwarae i'r tim ar ddechrau'r wythdegau, daeth y meibion – Peredur, ac wedyn Carwyn, yn chwaraewyr allweddol yn eu tro ac yna i hyfforddi. Erbyn hyn, mae'r drydedd genhedlaeth yn chwarae. O ia, fel pe na bai hynny'n ddigon, mae Nerys gwraig Merêd yn ysgrifenyddes aelodaeth y clwb!

Wrth gwrs, mae'r dyfodol i'w weld yn llewyrchus iawn, gyda llawer o dimau plant o bob oed yn y mwyafrif llethol o'r clybiau. Ac erbyn hyn, mae rygbi wedi ennill ei blwyf yn yr ardaloedd hyn a fu'n draddodiadol yn gadarnleoedd i'r bêl gron.

Cawsom gip ar rai o'r cymeriadau cynnar yn y gyfrol hon. Hei lwc na fydd cyfrolau eraill rhyw dro yn adrodd straeon am y cenedlaethau a'u dilynodd!

Llyfryddiaeth

Eryl Owain (Gol.). *Ennill Tir – Clwb Rygbi Nant Conwy 1980-2005*

Papur bro *Yr Odyn*

Papur wythnosol Y *Cyfnod*

Rhaglen Agoriad Swyddogol Caeau Pant Carw, Medi 13, 1997

Gary Williams. *History of Rugby in North and Mid Wales.*

Hanes Clwb Rygbi Bro Ffestiniog 1973 – 1994

Darlith Goffa Merfyn Williams 2016 (Parc Cenedlaethol Eryri)

Emrys Llewelyn – *Stagio Dre* (Y Lolfa)

1973–2003 Y deng mlynedd a'r hugain cyntaf (Hanes Clwb Rygbi Caernarfon) – Gol. Clive James